鹿児島大学島嶼研ブックレット
24

TOUSHOKEN BOOKLET

南日本の民謡を追って—久保けんおの仕事

梁川英俊・原田敬子 著
YANAGAWA Hidetoshi HARADA Keiko

●目次●

南日本の民謡を追って——久保けんおの仕事

Following the Folk Songs of Southern Japan: Ken'o Kubo's Work

I　はじめに

久保けんお（一九二一〜九一年）は、鹿児島県が生んだ大変に先駆的で、ユニークで、才能豊かな在野の学者です。

今から百年以上前に生まれ、亡くなってからすでに三〇年以上が経ちますが、その功績は色あせることはありません。しかし、いかに大きな足跡を残した人であれ、時代が変わり、世代が代われば、自然と語られることは少なくなってきます。

本書は、特に久保のことを知らない、聞いたことがないという若い世代の人たちに、久保が残した貴重な仕事に注目してほしい、その生涯と功績を知ってほしいという願いから生まれました。

久保の仕事の中で最もよく知られているのは、おそらく彼が三九歳のときに出版された『南日本民謡曲集』でしょう（図1）。この書物は、久保が自分自身で集めた南九州の民謡の中から四一五曲を選んで、歌詞と楽譜、それに曲目解説を加えて出版したものです。南日本の民謡を調べるときには、まっ先に参照される「古典」です。

もっと身近なところでは、鹿児島県で愛唱される「茶わん虫のうた」を広めた人として知られているかもしれません。これは大正時代に石黒ひでという人が作った歌で、しばらく忘れられていたのを、久保が再発見してから有名になりました。

しかし、久保は民謡採集ばかりを行っていたわけではありません。その生前の活動はとても多彩でした。本書は、そうした久保の活動を、詩人・劇作家、民謡収集家、民謡研究家、音楽教育家、編曲家・作曲家、音楽史家という六つの側面から紹介していきます。

本論に入る前に、二点ほど確認しておきましょう。まず本書で使用する資料についてです。本書の執筆に当たっては、久保自身の著作や久保に関して書かれた文章以外に、次の三種類の資料を参照しました。

①喜界町中央公民館に所蔵されているダンボール箱六箱分、約一七〇〇点の遺稿や遺品。

②久保本人が生前、鹿児島県立図書館に寄贈し、現在「久保文庫」として所蔵されている書籍約一六〇〇冊。

図1 『南日本民謡曲集』の表紙

③久保が生前、鹿児島県立図書館に寄贈し、現在は鹿児島大学法文学部附属「鹿児島の近現代」教育研究センター及び大島郡瀬戸内町立図書館・郷土館に所蔵されている録音資料（オープンリール七十二本、カセットテープ十一本）。

図２　「喜界島資料」の収められている箱

いずれも、本書の執筆のために新たに〝発掘〟されたものです。というよりも、本書の企画はこれらの資料の存在を知ったことで始まったと言ってもいいかもしれません。久保の仕事を知るうえで大変に重要な資料であり、本書はもちろん、今後の研究においても大きな役割を果たすことになる資料です。本書ではこれらの資料を呼ぶとき、①を「喜界島資料」（図２）、②を「久保文庫」、③を「久保録音資料」（図３）という名称を使用することにします。

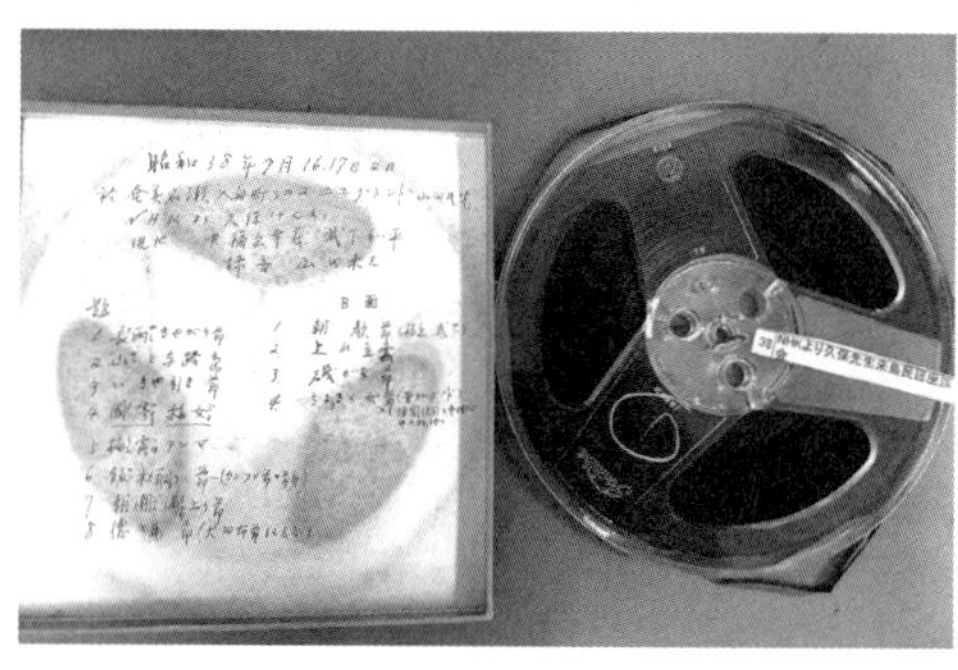

図３　「久保録音資料」中のオープンリール

もう一つ確認したいのは、「うた」の表記です。久保は「うた」について、おもに「うた」、「唄」、「歌」の三種類の表記法を使用していますが、厳密な区別はないようです。本書では、久保自身の文章を引用するときには原文の表記を尊重しましたが、それ以外の場合は、すべて「歌」で統一したことをお断りしておきます。

Ⅱ　久保けんおの生涯

1　生涯を知る手掛かり

久保けんおは、どのような生涯を送ったのでしょうか。

それを知るための手掛かりとして、私たちにはおもに次の三種類の資料が残されています。

㋑「喜界島資料」中の久保自筆の二種類の履歴書（一つは一九七九年十二月二日の日付があり、もう一つは日付なし）。

㋺「久保録音資料」中の「南日本放送」（ＭＢＣ）制作のラジオ番組「土の唄をもとめて―民謡研究家・久保けんおさんの半生」（以下「土の唄」と略す）を録音したオープンリール。

制作年、放送年月日等は不明ですが、内容から判断しておそらく昭和四〇年代半ばに制作されたものと推測されます。久保が自らの半生について語っている貴重な記録です。

㈧「喜界島資料」中の小学校副読本『かごしまの心―先人の生き方を学ぶ』（一九八四年、学習研究社）に収録されている「消え去る民謡を五線譜にとどめて―久保けんお」と題された伝記。全十頁の短い文章です。執筆者は明記されていませんが、副読本自体の執筆委員、執筆協力者は明記されており、後者には久保本人や友人で児童文学者の椋鳩十の名前が見えます。しかし、彼らが執筆にどのように関与したのかは不明です。

以上が、久保の人生を知るための主要な資料ですが、㈺と㈧は同じ事柄を語るときでも、かなり内容が異なることがあります。本書では久保自身による語りということで、㈺の「土の唄」の内容を信頼することにしました。

久保の生涯については、これまでまとまった記述がありませんでした。本書ではこれら三種類の資料を基本として、久保の年譜（表1）を作成しました。現時点で分かっている事柄のみを記したただけで、完備したものではありませんが、将来の本格的な年譜のための叩き台になればと期待しています。

久保けんお年表			関連事項
1921 年 (大正 10 年)	0 歳	3 月 14 日、喜界町荒木に生まれる。刑務所の役人であった父とともに各地を転々とする。朝鮮在住が長く、朝鮮語の方が得意だった。	
1927 年 (昭和 2 年)	6 歳		小泉文夫、生まれる。
1933 年 (昭和 8 年)	12 歳		文英吉（1890 年生）『奄美大島民謡大観』刊。
1935 年 (昭和 10 年)	14 歳	鹿児島県立第一鹿児島中学校（現在の鶴丸高等学校）に入学。 喜界島の叔父のところへ遊びに行き，島唄と出会う。	町田佳聲（1888 年生）、民謡研究に着手。
1937 年 (昭和 12 年)	16 歳	友だちと相撲を取っているときに骨折し、入院。 入院生活中にギターを学ぶ。	
1939 年 (昭和 14 年)	18 歳	鹿児島県立第一鹿児島中学校(現在の鶴丸高等学校)第 4 学年終了。	町田、NHK 民謡調査を始める。長野、新潟で調査。
1940 年 (昭和 15 年)	19 歳	鹿児島師範学校に入学。	小川学夫、生まれる。
1941 年 (昭和 16 年)	20 歳	この頃から片手間に民謡の採集を始める。	
1942 年 (昭和 17 年)	21 歳	3 月、鹿児島県師範学校本科二部卒業。 4 月、種子島増田国民学校訓導。 種子島各地の民謡収集を始める。学校でわらべ唄を取り上げ，視学官から叱責される。	
1944 年 (昭和 19 年)	23 歳	4 月、熊毛郡榕城国民学校訓導。	
1946 年 (昭和 21 年)	25 歳	3 月、熊毛郡教員養成所講師（音楽）兼務。 依願退職。奄美・沖縄へ密航し、民謡採集の旅に出る。	
1948 年 (昭和 23 年)	27 歳	4 月、日置郡串木野中学校教諭。 4 月、日置郡串木野高等女学校講師（音楽）兼務。 8 月、鹿児島市天保山中学校教諭。	
1949 年 (昭和 24 年)	28 歳	4 月、谷山高等学校講師（音楽）兼務 10 月、長男一昭誕生。 第 2 回児童劇脚本懸賞で 3 等賞。ペンネーム「箕田映二」。	園部三郎（1906 年生）『民衆音楽論』刊。
1950 年 (昭和 25 年)	29 歳	歌集『小さな幸福』出版。 第 1 回童話作品懸賞で 3 等賞。作品名「岡の上」。ペンネーム「久保一昭」。 この頃、「茶わん虫のうた」を採譜。「鹿児島県職員組合歌」を作曲。 NHK 鹿児島で夕方の番組を担当していたという証言あり。	
1951 年 (昭和 26 年)	30 歳	7 月、南日本新聞に「民謡は悲しんでいる」掲載。 10 月、ルース台風により民謡採集のノートの大半が流失。	
1952 年 (昭和 27 年)	31 歳	4 月、鹿児島市東桜島中学校教諭。 この頃、待望のテープレコーダーを手に入れる。	
1953 年 (昭和 28 年)	32 歳	4 月、鹿児島市吉野中学校教諭。	
1955 年 (昭和 30 年)	34 歳	4 月、国分市東小学校教諭。	

1957年（昭和32年）	36歳	8月、病気入院。	5月16日、文英吉（1890年生）死去。日教組の教育研究活動から「音楽教育の会」が発足。わらべ歌教育の提唱。小泉、インドへ留学。
1958年（昭和33年）	37歳	2月、『鹿児島民俗』に「民謡に見る奄美五島の個性」掲載。 10月、12月の2度、宮崎で肺手術。	小泉『日本傳統音楽の研究』刊。
1959年（昭和34年）	38歳	教材用『南島わらべ唄集』（鹿児島こどもの音楽を考える会出版）を300部印刷70円で先輩・同僚に販売。	
1960年（昭和35年）	39歳	3月、『種子島民俗』に「民謡雑記」掲載。 病気退職し、退職金を出版費用に回して、6月『南日本民謡曲集』（音楽之友社）を出版。同書で南日本文化賞受賞。鹿児島市原良町の自宅に音楽教室を開設し、「南日本伝統音楽研究所」とする。以後3年間、頻繁に取材旅行。	小泉、わらべ歌の研究を始める。
1961年（昭和36年）	40歳	10月、中種子町民歌「中種子音頭」作詞作曲に対し、中種子町長より感謝状が贈られる。 12月、奄美大島を取材。瀬戸内町方面などに行く。	小泉、東京藝術大学の演習で東京の小学校でわらべ歌を調査。
1962年（昭和37年）	41歳	1月、音楽舞踊団カチューシャから、12年間に及ぶ継続的な指導に対して感謝状が贈られる。 3月、奄美大島を取材。瀬戸内町渡連などに行く。9月、大和村大金久などに行く。	園部・山住正己『日本の子供の歌』刊。
1963年（昭和38年）	42歳	2月、南日本新聞に「ふるさとのわらべ唄」連載（8月まで65回。加筆修正を経て『南日本わらべうた風土記』に収録）。 7月、NHK民謡取材班とともに奄美群島へ。7月16日、17日、名瀬の山田米三の土産物店「ニューグランド」で唄者の福島幸義、武下和平とともに民謡座談会。その後、与論島まで行く。 10月、『奄美のうた』（NHK鹿児島放送局）刊。	11月、小川、初めて奄美大島を旅する。
1964年（昭和39年）	43歳	6月末から7月、NHK音楽資料課の取材で、奄美群島、屋久島の調査収録を行う。「ここでは移動と電源の問題から、再びショルダー型録音機を使用した。この調査では、喜界島出身の研究家久保けんおの参加により、離島方言による収録をスムースに進めることができた。例年の歌詞記録は、久保により共通語の対訳をつけた形で作成した」（『NHK民謡調査の記録1939－1994』）。 9月、『文化評論』9月号に「民謡の知恵」掲載。 12月、『南九州から沖縄まで　子もり唄合唱曲集』（音楽之友社）刊。 12月、『南日本わらべうた風土記』（音楽之友社）刊。	小川、4月より1年間セントラル楽器に住み込みで調査。
1965年（昭和40年）	44歳	夏に徳之島取材。	
1966年（昭和41年）	45歳	5月3日、南日本新聞に「“創造精神”伸ばそう」掲載。 夏に徳之島取材。10月『徳之島の民謡』（NHK鹿児島放送局）刊。同書でNHK鹿児島放送局長賞。 『九州地方民謡歌詞集3』（放送業務局資料部音楽資料課）に一部執筆。	7月小川、徳之島に移住。

1967年 (昭和42年)	46歳	3月、『わらべうたのほん 上』(南日本わらべうた研究会) 刊。 3月15日、「わらべうたの効用」(南日本新聞) 掲載。	
1968年 (昭和43年)	47歳	4月、鹿児島県立鹿児島工業高校講師 (音楽) 5月、根占町明治百年記念祝典のために「根占小唄」を作曲。	
1969年 (昭和44年)	48歳	8月、南日本新聞に「沖縄の月」掲載。 10月、南日本新聞に「方言を守れ」掲載。 11月、『えらぶ・よろん民謡辞典』奄美民謡シリーズその三 (自費出版)	小泉『わらべうたの研究』刊。
1970年 (昭和45年)	49歳	鹿児島県金峰町の町民歌「金峰音頭」を作詞・作曲し、同町から感謝状を贈られる。	
1971年 (昭和46年)	50歳	1月、『沖縄文化』に「奄美民謡概説」掲載	
1972年 (昭和47年)	51歳	4月、南日本新聞に「うたおう つくろう ふるさとの唄」を連載 (昭和49年3月まで160回)。 8月、『言語生活』8月号に「奄美民謡に見る「古代」」掲載。	
1973年 (昭和48年)	52歳	鹿児島県立鹿児島工業高校講師解任。 鹿児島市教育委員会嘱託 (社会教育課・文化財)。 11月、『教育音楽』(音楽之友社) に「わらべうた即興合唱の指導」連載 (昭和49年4月まで7回)。	小泉『おたまじゃくし無用論』刊。
1974年 (昭和49年)	53歳	3月、『薩摩琵琶』(鹿児島県教育委員会出版) の採譜を担当。 8月、『種子島小中学校教材集 ふるさとのうた』(中種子教育委員会出版) 刊。	
1975年 (昭和50年)	54歳	3月より、南日本放送 (鹿児島) の番組「奥さまワイド・MBCですこんにちは!」の「あなたの歌をうたいましょう」コーナーで、視聴者から送られてきた歌詞の作曲を担当。 5月、『肥後琵琶』(熊本県教育委員会委嘱) の採譜を担当。	園部『下手でもいい、音楽の好きな子どもを』刊。
1976年 (昭和51年)	55歳	2月、『シンガポール日本人学校　愛唱歌集　わらべうた・民謡・マレーソング』(音楽之友社) 刊。 市民講座「民謡」の講師を務め、100人近い生徒を抱える。	小島美子『日本の音楽を考える』刊。
1977年 (昭和52年)	56歳	2月、南日本新聞に「民謡に見る西南戦役」連載(全3回)。 7月、鹿児島テレビ放送 (KTS)「さつま八面鏡」に出演。「鹿児島の民謡」について話す。	
1978年 (昭和53年)	57歳	3月、鹿児島市教育委員会嘱託 (社会教育課・文化財) を退職。 3月、『即興合唱法「口まね方式」』の出版交渉。 6月、鹿児島県芸術祭に参加する山田みほ子モダンバレエ研究所のために「絵かきあそび」「石ケリじゃんけん」「お寺の花子さん」などを編曲。 10月、鹿児島テレビ放送 (KTS)「さつま八面鏡」に出演し、わらべ歌について話す。 『鹿児島文化財調査報告書 第2集』(鹿児島市教育委員会) に一部執筆。	
1979年 (昭和54年)	58歳	鹿児島県民謡民舞連合会の創設の中心となり、発表会を組織。 10月、築地俊造、日本民謡大賞受賞。南海日日新聞にコメントを掲載。 12月、『南九州から沖縄まで　子もり唄合唱曲集』(音楽之友社) 刊。	小川『奄美民謡誌』刊。

1980年 (昭和55年)	59歳	5月、南日本新聞社「三味線を弾く久保けんお」を撮影。 日本民謡協会鹿児島支部から指導者資格認定証を受ける（講師・薩摩民謡)。 10月、『鹿児島 沖縄のわらべ歌』（柳原書店）刊。 『鹿児島文化財調査報告書 第3集』（鹿児島市教育委員会）に一部執筆。	『日本民謡大観 九州（南部)・北海道篇』刊。
1981年 (昭和56年)	60歳	西日本新聞に「『わらべうた宝典』を出版する久保けんおさん」掲載。 南日本新聞に「薩摩の音楽芸能史夜話」連載。 11月7日、名瀬市中央公民館にて文化講演「奄美民謡の心」。	
1984年 (昭和59年)	63歳	3月、鹿児島県小学校音楽教育研究会（編集）久保けんお（監修）『かごしま　わらべうた』（評価問題研究所）刊。 3月、鹿児島県教育委員会（編）『鹿児島県の民謡：民謡緊急調査報告書』（鹿児島県教育委員会）に一部執筆。 3月、脳血栓で倒れ、入院。 11月、椋鳩十を代表発起人に、有志らが「久保けんおさんを励ます会」を組織。久保の療養費用や出版に充てるための寄付を募る。	
1986年 (昭和61年)	65歳		小泉『子どもの遊びとうた：わらべうたは生きている』刊。
1987年 (昭和62年)	66歳	3月、「わらべ遊びと即興合唱（1)」(『南日本文化』21号）掲載。	
1990年 (平成2年)	69歳	3月、音楽学者・東川清一が『日本の音階を探る』（音楽之友社）で、久保の「日本民族旋法論」を激賞。 3月、「わらべ遊びと即興合唱（2)」(『南日本文化』22号）掲載。	
1991年 (平成3年)	70歳	入院していた鹿児島市内の病院(鹿児島市竜尾町の八反丸病院)で死去。鹿児島市内で葬儀。喪主は実姉本郷はつみ。晩年の久保は、鹿児島市三和町の姉の家に身を寄せていた。	
…………………………………………………………			
1991年 (平成3年)	没後	南日本新聞に久保の追悼記事(遠藤峻氏)掲載。。	
1992年 (平成4年)	没後 1年	6月、「久保けんお追悼音楽会」が鹿児島市で開かれる。 「久保けんおさんを励ます会」を母体に「久保けんお音楽顕彰会」が設立される。 9月、『野の唄　島謡　わらべ唄　久保けんお作品集第1集』（九教研）刊。	
1993年 (平成5年)	没後 2年	「久保けんお追悼音楽会」が「久保けんお顕彰音楽祭」に改称され、6月、第2回「喜界島をうたう」鹿児島市で開催。	
1994年 (平成6年)	没後 3年	西日本新聞「南国雑話」で久保の業績を紹介。 南日本新聞に久保の回想記事(小川学夫)掲載。	
1995年 (平成7年)	没後 4年	南日本新聞に久保の回想記事(恩師・武田恵喜秀)掲載。	
1996年 (平成8年)	没後 5年	南日本新聞に久保の回想記事(「かお」欄、同級生・榊正治)掲載。	
1998年 (平成10年)	没後 7年	南日本新聞に「茶わん虫のうたのルーツ」をめぐる記事掲載。	

2003年（平成15年）	没後12年	南日本新聞に久保の回想記事（榊正治）掲載。	
2011年（平成23年）	没後20年	久保けんおの遺品が奄美市立奄美博物館へ寄贈。 姉、本郷はつみ死去。	
2012年（平成24年）	没後21年	2012年1月1日の南海日日新聞にて特集。 久保の遺品が喜界町教育委員会へ移管。同町郷土研究会が委託を受け、整理。遺品の一部が同町郷土資料館に展示。	
2017年（平成29年）	没後26年	1月、「久保けんお顕彰音楽会　野の歌 島唄 わらべうた—久保けんおをうたう」鹿児島市で開催。	
2019年（平成31年／令和元年）	没後28年	2月、『薩摩の音楽芸能史・夜話二』（久保けんお顕彰会）刊。 3月、「久保けんお顕彰音楽会　野の歌 島唄 わらべうた—すべては「かけうた」から」鹿児島市で開催。	
2021年（令和3年）	没後30年	広報「きかい」に久保けんお—生誕100年・没後30年記念特集連載。	
2023年（令和5年）	没後32年	鹿児島県立図書館所蔵の久保録音資料、鹿児島大学法文学部附属「鹿児島の近現代」教育研究センターおよび大島郡瀬戸内町立図書館・郷土館に移管される。	

2　久保けんお略伝

久保は大正十年（一九二一）、鹿児島県大島郡喜界町荒木に生まれました。本名は久保賢男でしたが、筆名には生涯「けんお」を使い続けました。生前その理由を、本名は「賢い男」を連想させるので自分に合わないから、と語っていたそうです。

生まれは喜界島でしたが、父親が刑務所の役人をしていた関係で、十四歳まで各地を転々としました。どのような場所で育ってきたのか、詳細は不明ですが、久保自身があちこちで挙げている地名を拾えば、朝鮮、関西、愛知、奄美、鹿児島です。「土の唄」では、「小学校のときだけで十三回も転校を繰り返した」と語っています。

いずれにせよ、これだけ転校を繰り返せば、遊び友だちもあまりできなかったことでしょう。実際、「土の唄」では、「多情多感な反逆児として、いつも独りぼっちで育ってきた」とか、「僕には根の生えた故郷というものがない。胸の奥底にしみ込んだふるさとの歌を持たない。思い出を託しているわらべ歌というものもまったくなかった」と回想しています。

わらべ歌に関する多くの著述を残した人にしては、意外な告白ですが、驚くべきは、「幼年期から朝鮮にいて、朝鮮語の方が得意だった」と語っていることです。朝鮮時代に関する記述は公刊されているものにはまったく見当たらないのですが、「喜界島資料」中の「北の唄　南の唄」と題された原稿には、こう書かれています。

私は幼時期を朝鮮の中部でそだったが、私の回想の中の朝鮮には冬と春しかない。そして少年期はしばらく奄美で過ごした。そこの思い出は、いつも夏だけが大写しになる。（……）丈余の雪にとざされた、ながいながい冬ごもり……これが私のイメージにある朝鮮のほとんどである。そして雪がきえ氷がとけ、やがてあらわれる黒い土……朝鮮の春は、まず地べたから顔をのぞかせた。これを見たとたん、ガキ共は英気りんりん、天にもとどけとばかり「春が来た」を唄ったものである。

十四歳のとき、久保は鹿児島県立第一鹿児島中学校（現在の鶴丸高等学校）に入学します。この年、久保の生涯の仕事を決定するような出来事がありました。民謡との出合いです。親戚のいる故郷の喜界島を訪れたときのことです。島に到着して荷物とともに馬車に乗っていると、馬車引きのおじさんが、朗々と歌を歌い始めたのです。野原を行きながら、その歌を聞いていると、「胸の中というか、腹の底に沁みわたるような感じがした」と、久保は語っています。どんな歌だったのでしょうか？　久保は「土の唄」でその歌を思い出して自ら歌っていますが、それは奄美島唄の「かんつめ節」の一節です。今日では悲劇的な歌とされている「かんつめ節」ですが、久保は話の中でそれを「ふくよかなムードの歌」と評しています。何の先入観もなく歌を聞いたときの、素直な感想だったのでしょう。

中学では、友だちと相撲をとって骨折し、しばらく入院したことがありました。このときお見舞いのプレゼントとしてもらったのがギターでした。それをきっかけに久保は音楽に夢中になっていきます。同じ頃、ハーモニカも一生懸命に練習したそうです。

昭和十七年（一九四二）、鹿児島県師範学校本科二部を卒業した久保は、教師として種子島に赴任します。種子島には昭和一七年から二一年（一九四六）まで四年暮らし、増田国民学校と熊毛郡榕城国民学校という二つの学校に勤務しました。

増田国民学校で教えていたある日、村の古老がやって来て、「自分しか知らない古い歌があるのだが、それを楽譜に採って残してほしい」と頼まれました。いったんは引き受けたものの、徐々に戦時体制が厳しくなってそのままにしていたら、古老は亡くなってしまいました。「いい歌だったのに」という後悔の念と、「申し訳なかった」という気持ちがのしかかり、その後は腰を据えて、地域の民謡を採譜するようになったそうです。

島で美しいメロディーに出合い、それを編曲して子供たちに歌わせたところ、とても生き生きと歌うので喜んでいたら、視学官がやって来て、「教科書以外の歌を歌わせるのはけしからん！」と激しく叱責されたこともありました。

しかし、久保の民謡採集熱は衰えませんでした。終戦後に、老人たちが栄養失調で次々と亡くなるのを目の当たりにすると、「大事な民謡の歌い手がいなくなってしまうのではないか」と心配になり、昭和二一年、一五歳のときに、とうとう勤務先の熊毛郡榕城国民学校を依願退職し、民謡採集旅行に出かけます。行き先は十島村、奄美、沖縄でした。当時、トカラ列島よりも南は米軍統治下にありましたから、北緯三十度から南に行けば〝密航〟になります。久保は奄美までは無事でしたが、沖縄でとうとう密航がバレて捕まってしまいます。

その後、本土に戻って教職に復職しますが、かたわら採集を続けた民謡は、数年ですでに膨大な数に上っていました。ところが、それらを記録したノートは、昭和二十六年（一九五一）十月十四日に鹿児島を襲ったルース台風により大半が流失してしまいます。久保は大変なショックを受け、以後自分が採集した民謡を早く世の中に出そうと急ぐようになります。

しかし、教職と民謡採集の二足わらじの生活は過酷でした。とうとう無理がたたって胸を病んでしまいます。手術が必要でしたが、無事に生還できるか不安になり、医者に頼み込んで二ヶ月の猶予をもらって家に戻ると、自ら「十六年間すべてを投げうって集めた」と語る一三〇〇曲を、夫人の助けを借りて二ヶ月そこそこで発表できる形にまとめ上げ、その後、宮崎の病院で二度にわたって手術を受けました。

ちょうどその頃（一九五八年秋）、井上頼豊という日本を代表するチェリストが演奏旅行で鹿児島を訪れました。久保の自宅を訪れた井上は、机の上に山と積まれた民謡の採集原稿を見て、「これが一人の力でできる仕事なのか」と驚嘆します。帰京後、井上はその話を東京の大手音楽出版社である音楽之友社に伝え、それがきっかけで、久保が集めた民謡は同社から『南日本民謡曲集』と題して出版されることになりました。久保はこの書物でその年の南日本文化賞を受賞しますが、三九歳での受賞は歴代最年少でした。

採集した民謡は無事に世に出ましたが、出版には大金がかかりました。なにしろ出版の条件が、印刷部数二千部のうち半分を久保が買い取るというものだったそうです。久保は本が出版された年に教職を辞し、退職金でその費用を賄うことになります。一方、この曲集の出版で南九州の民謡採集の第一人者と見なされるようになった久保のもとには、地元の新聞社やＮＨＫなど、さまざまな機関から仕事の依頼が舞い込むようになります。

昭和三六年（一九六一）夏には、ＮＨＫ音楽資料課の仕事で、奄美諸島と屋久島に民謡の録音取材に出かけます。奄美にはその後二年間通い、昭和三八年（一九六三）に大島本島の民謡を中心に収録した『奄美のうた』（ＮＨＫ鹿児島放送局）を出版します（図４）。

同年二月から八月までは、南日本新聞に「ふるさとのわらべ唄」を連載し、翌一九六四年には記事をまとめて『南日本わらべうた風土記』（音楽之友社）として出版しました。

昭和四一年（一九六六）には、『徳之島の民謡』（ＮＨＫ鹿児島放送局）という小冊子を出版。

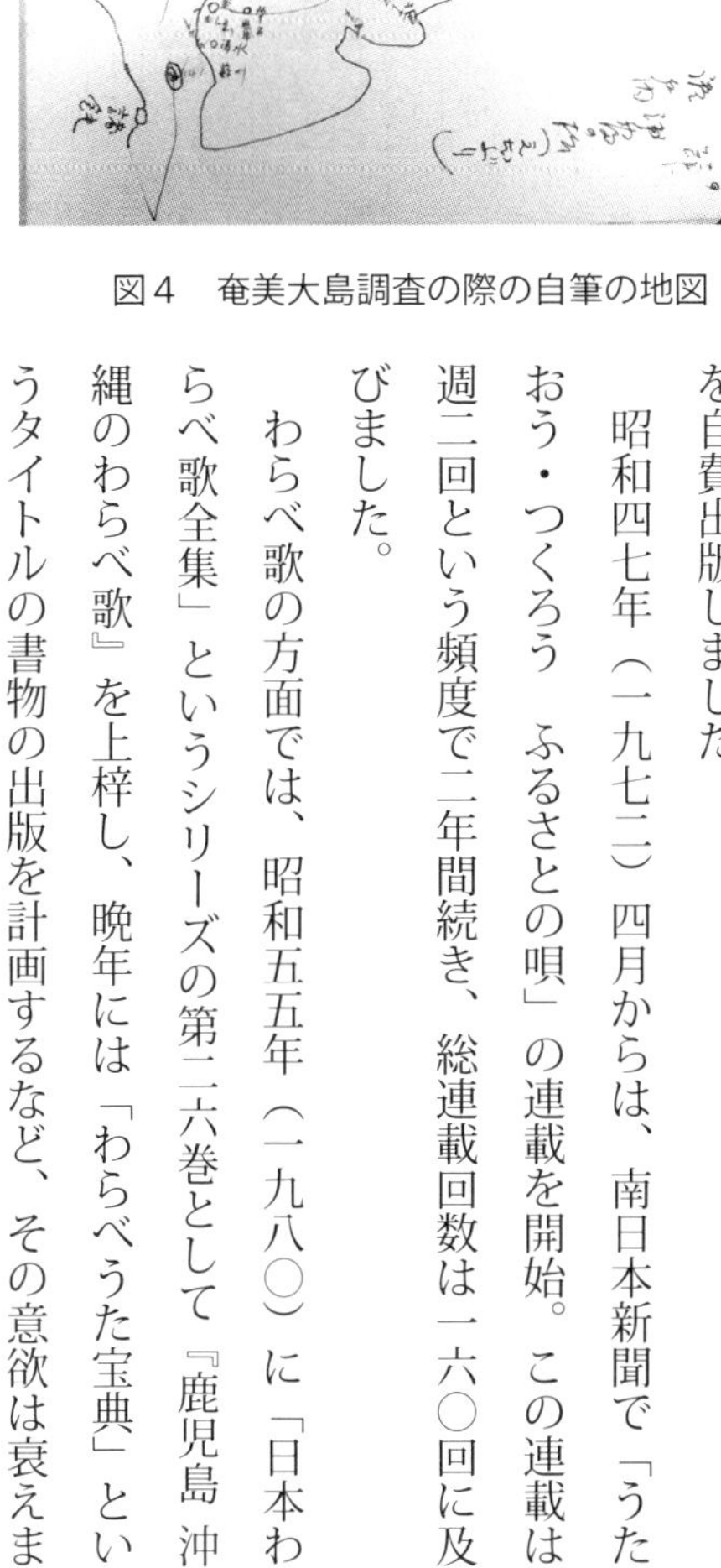

図４　奄美大島調査の際の自筆の地図

昭和四四年（一九六九）十一月には、『えらぶ・よろん民謡辞典』を自費出版しました。

昭和四七年（一九七二）四月からは、南日本新聞で「うたおう・つくろう　ふるさとの唄」の連載を開始。この連載は週二回という頻度で二年間続き、総連載回数は一六〇回に及びました。

わらべ歌の方面では、昭和五五年（一九八〇）に「日本わらべ歌全集」というシリーズの第二六巻として『鹿児島 沖縄のわらべ歌』を上梓し、晩年には「わらべうた宝典」というタイトルの書物の出版を計画するなど、その意欲は衰えませんでした。

昭和五二年(一九七七)には南日本新聞に「民謡に見る西南戦役」を三回にわたって連載。昭和五六年(一九八一)には同じ南日本新聞に「薩摩の音楽芸能史夜話」を三一回にわたって連載しました。

多くの仕事を手がけ、「時間がないんだ」が口癖だったという久保でしたが、昭和五九年(一九八四)三月、脳血栓で倒れます。

倒れた年の秋、友人の椋鳩十が代表発起人となって「久保けんおさんを励ます会」を立ち上げ、療養費用や出版のための寄付を募りました(図5)。

久保は昭和三五年(一九六〇)に専任教員の仕事は辞めてしまいましたが、その後も非常勤講師として幾つかの学校に勤務していました。し

久保けんおさんを励ましていただけませんか

秋の色が濃くなってまいりました。皆様にはますますご健勝のこととお慶び申し上げます。

さて、久保けんおさんは昭和三十五年に世に問うた『南日本民謡曲集』(音楽之友社)ほかでつとに知られる通り、土に育った民族音楽・芸能の研究に生涯をかけてうちこんでこられました。民謡、わらべ唄の採集、採譜に始まるそのお仕事は戦中からのもので、すでに四十年以上に及びます。その業績は、地の唄にまっ先に目を向けた先見性、体系的な研究の独自性、さらには、それを現代に生かす仕事にも情熱を燃やすなど幅広いもので、ご承知のように高い評価を受けております。埋もれた地の唄を掘りあげる方便として古老たちと飲みかわした焼酎と、やがて切っても切れない仲になりましたが、五十代半ばを迎えた八年前に酒類とはいっさい縁を断ち、以後は研究と民族音楽の継承発展にすべてを傾注する日々でした。このところは、新しい楽器の創造にも熱心に取り組んでおられました。

しかし、ことし(五十九年)三月、不意に脳血栓の病いに見舞われて療養生活を余儀なくされ、ただいま鹿児島市の天保山記念病院に入院中です。経過は順調ですが、残念ながらこの病いの回復は牛の歩みで、身体機能が元に戻るまでには、当分の間入院加療が必要で、しんぼうづよく時の経過を待たなくてはならない状況です。

久保さんは鹿児島の誇るべき財産だ、といっても異論はないでしょう。それにまだ六十三歳の若さです。鹿児島といわず日本の文化のために、また久保さん自身が愛してやまぬ次代をになう子供たちのために、やっていただくお仕事はいっぱいあります。生涯をかけたお仕事の集大成はこれからのことです。畏愛する久保さんには、ぜひとも再起していただいて、後代に残されるべき偉大なお仕事に、あの才を存分にふるっていただくよう心から願わずにはおれません。むろん、ご当人は一日も早く仕事に復帰できるよう切望しておられます。

ついては、病床の久保さんを励まし、力づよく再起していただくために、広く皆様のお志をちょうだいしたらという話がもちあがり、左の者が発起人になって呼びかけをすることになりました。

お志は、治療の一助にするとともに、著書の出版などに活用したいと思います。幸いに、すでに原稿のできているものがありますし、さらに南日本文化賞を受けた『南日本民謡曲集』の再版ができたらすばらしいとも考えます。

以上のような次第でございます。どうぞよろしくご協力のほどをお願い申し上げます。

昭和五十九年十一月

発起人代表　椋　鳩　十

図5　椋鳩十による「久保けんおさんを励ます会」の呼びかけ

かし、それ以外でどのようにして生計を立てていたのかは、実はよく分かっていません。自宅で民謡教室などを主宰していたようですが、規模や生徒数などの詳細は不明です（これまで明らかになっている職歴は年譜に記載しました）。

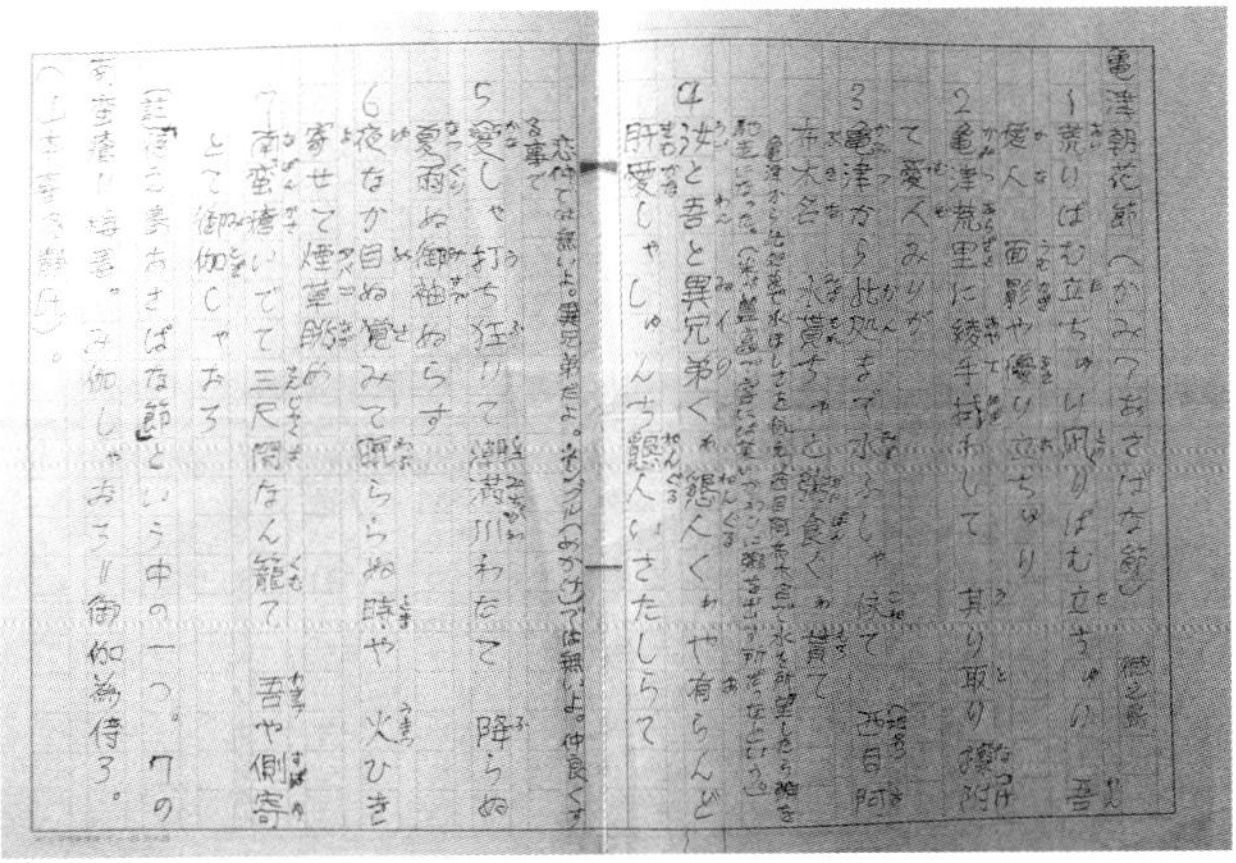

脳血栓で倒れてからは利き手の右手が不自由になり、執筆にも支障をきたす状態だったようですが、仕事に対する情熱は衰えることなく、「喜界島資料」には震えるような文字で書かれた原稿がたくさん残っています（図６）。

図６　倒れたあとの自筆原稿

平成二年（一九九〇）には、音楽学者の東川清一が『日本の音階を探る』（音楽之友社）で、三〇年前に『南日本民謡曲集』に収録された「日本民族旋法論」を激賞し、改めて久保の先見性が見直されましたが、残念ながら久保はその翌年（一九九一）に亡くなってしまいます。享年七〇歳。脳血栓で倒れてから七年後のことでした。

Ⅲ　詩人・劇作家

1　文学青年時代

生前は民謡研究家として知られた久保でしたが、自分の名前が初めて活字になるという経験をしたのは、劇作家や詩人としてでした。

久保は若い頃から児童劇に熱心に取り組んでおり、昭和二四年（一九四九）十一月には県立図書館が募集した児童劇脚本に応募して、三等に選ばれています。

また、翌昭和二五年（一九五〇）二月にも、南日本新聞社が募集した新春文芸のコントが三等に入選し、賞金として五百円をもらっています。この年の久保は、新聞に詩やコントを投稿したり、放送劇の原作を書いたり、五人の仲間とともに児童劇作家グループを組織したり、児童文化研究会を発足させたり、年末には『小さな幸福』という短歌集も出版したり、と文学に夢中になっていたようです。

「喜界島資料」には、その年に新聞に掲載された自作品等を貼り付けたスクラップブックが残

されています。その表紙には、

「もう、私も足跡をぞんざいにしまい！」

という書き込みがあり、昭和二五年七月十六日の日付で、

「My Most Glorious Day. The Start of My Life. "hand by hand" with "I"」

と英語で記されています（図7）。

この日付とメッセージの意味は分かりませんが、久保にとって何か特別な記念日だったのでしょう。スクラップブックに貼られた、この年の南日本新聞の「文芸欄」に投稿された詩を、幾つか紹介しましょう。

窓をひらけ
子供たち。
水晶のような
雨あがりだ。
お前の肺を洗う
その

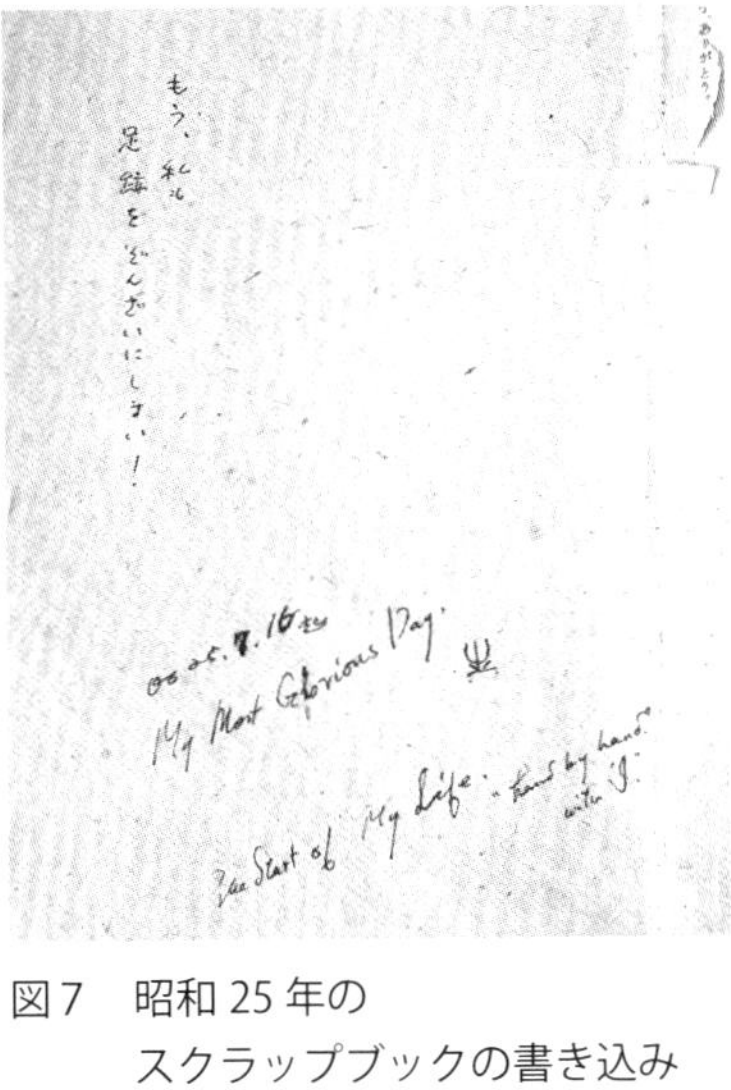

図7　昭和25年の
スクラップブックの書き込み

めくり戸を
おせ

（「窓をひらけ」より）

犬は犬の言葉で
仲間をよび、
猫は猫の言葉で
かんがえる

（「言葉」より）

君の知慧と
僕の知慧と
しぼり合って一本の縄が出来たんだとさ。

（「縄」より）

いずれの詩も、子供たちに直接呼びかけるような、新米教師らしい若々しいメッセージ性のある詩です。こうした詩を読むと、久保にとって教師という職業は、まさに天職だったのではないかと思わされます。

若き日の久保の生活に関しては、具体的な記録はほとんど残っていません。しかし、昭和二五年に刊行された歌集『小さな幸福』には、学生生活、恋愛、結婚、子供の誕生など、久保の私生活を垣間見せてくれるような作品が並んでいます。生前に出版された唯一の歌集ですが、若き久保の面影を伝える貴重な記録と言えます。幾つか引用しましょう。

田舎と、東京との
　　ちゅうかんに
ぶらさがっていて
病んでいる　青春

せんそうに
喰いつぶされた青春の
傷がちかりと
うずく僕達

一生を
台なしにする事をすら
かまわず、おれを
かばった女

本を買う　お金が出来たと
言う妻の
明るさに、何を
よどむ心か

抱きしめる
　　腕の中にいて
一点の　うたぐりもない
つぶら眸よ

見ての通り、これらの作品の形式は戦後に流行した口語短歌ですが、短歌でありながら四行詩としても読めるという独特の味のある作品です。この時期、久保はすでに民謡採集の仕事を始めていますが、それが詩作や劇作といった文学の実作と並行して行われたということは、とても重要だと思われます。

民謡採集というと、音楽面ばかりが重視されがちですが、民謡は歌詞と節でワンセットです。そこでは言葉の役割は、音楽のそれと同様、あるいはそれ以上に大切なのです。民謡の歌詞の多くは土地の方言ですが、方言の細やかなニュアンスにまで注意が及ばないと、歌の魅力は半減してしまいます。久保が民謡において、節に劣らず歌詞に注目することができたのは、詩人としてつねに言葉に対する感受性を磨いていたことと大いに関係があるでしょう。

久保が詩作や短歌に励んだのは青年時代の一時期だけだったようですが、すでに見たようにその作品の多くは残っていて、現在も読むことができます。しかし、青年時代の久保がそれに劣らず熱心に取り組んでいたはずの児童劇などの劇作品に関しては、残念ながら当時の作品で今日まで残っているものは見つかっていません。

2　戯曲「ケサじょ唄ばやし」

久保の劇作品で唯一現存しているのは、「喜界島資料」にある「ケサじょ唄ばやし」というタイトルの「オペラのための戯曲」の原稿です。

内容や原稿の状態から考えて、中年期以降の作品である可能性が高いのですが、二種類の原稿が残っており、一方が四三頁、もう一方が五一頁で、頁数の多い後者の方が完成度は高いです。しかし、これも少なからぬ削除修正が施されており、決定稿ではありません（図8）。

いずれの原稿にも日付は見当たらず、執筆時期は明らかではありませんが、一つの可能性として、昭和五六年（一九八一）に鹿児島オペラ協会が創立一〇周年を記念して新作オペラを募集した際に書かれた作品であると考えることができます。実際に応募されたかどうかは不明ですが、わざわざ「オペラのための戯曲」と明記されていることを見ても、それを目的に書かれたと考えていいのではないかと思います。

内容は、種子島に残る「増田周袈裟節」という民謡の元になった、ケサ女という女性を題材にしたものです。「オペラのための戯曲」ではありますが、台本中で歌として指定されているのは、この民謡も含めてすべて種子島の民謡です。

舞台は幕末の種子島――。美人で有名な増田村の周右衛門の女ケサ女は、風刺の効いた歌詞で「草切り節」を歌い、牧草地を草切り場として開放させることを成功させました。

次に彼女が仲間の女性たちと企てるのは、ケサ女の功績を詠み込んだ「増田周袈裟節」で替え歌を作って、民の年貢を減らし、田んぼに防風林を植えてもらうことです。

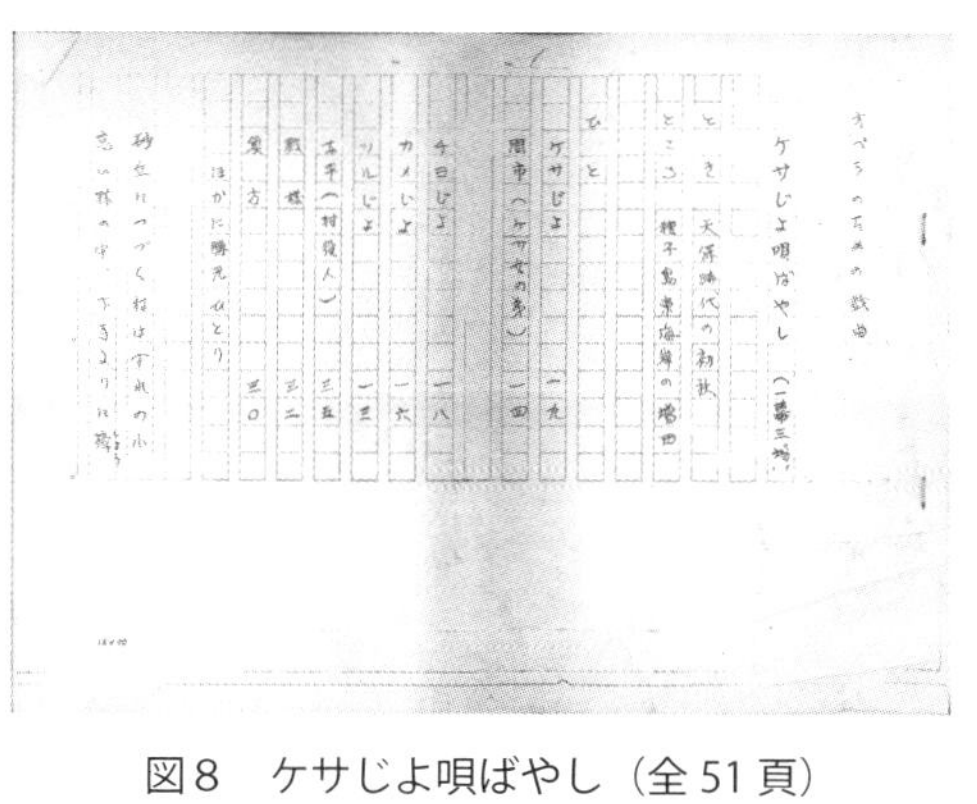
ケサじよ唄ばやし（一幕三場）
とき　天保時代の初秋
ところ　種子島東海岸の増田
ひと
ケサじよ　一九
周市（ケサ女の弟）　一四
チヨじよ　一八
カメじよ　一六
ツルじよ　一三
与平（村役人）　三五
殿様　三二
家老　三〇
ほかに勝見ひとり

図８　ケサじよ唄ばやし（全51頁）

ケサ女が仲間に計画を耳打ちし、女性たちが各々の役目を果たすために散っていくと、村役人の与平が登場。ケサ女に向けて、城の若い衆が「増田周袈裟節」で替え歌を作り、「増田柄かよ／清水がらか／焼酎は飲まずに唄おどり」を、「増田柄かよ／焼酎がらか／周ゲサ十九で／マルハダカ／ア、ヨイヨイ」と歌っていると告げます。しかも、殿様がそれを聞いて、「ハダカ踊りなど都では見るが、田舎では見かけん。余が早速下見を」と、これからケサ女の家にやって来るというのです。

ケサ女が、「与平ドン、ソヤとのさんの、聞きちがいじゃ。

あの唄を間ちがうて、聞いていなさるとじゃ！」と声を上げると、与平は「だから言わんこッちゃないケサ女！唄ちュもんはな、くちから出ほうだい…はやり出せば、誰(だい)も、とめらるるもんじゃなかと…」と応じます。

そこに、殿様が登場。慌てたケサ女は、なんとか踊らずにすむよう、あれこれと時間を稼ぎます。そうこうするうちに、今度は殿様の奥方が登場。奥方はケサ女の仲間が歌う替え歌を聞いて感心し、わざわざケサ女を訪ねて来たのです。奥方にせがまれて、ケサ女はその歌を、こう歌います。

増田前浦　石高なれど
　風当　畝づまり　潮がかり
増田前浦　干潟の田ンぼ
　沖にそびえる堤はあれど
（囃子）ハダカ堤で　木がない
　　　木がない

この歌のおかげで、ケサ女はハダカ踊りを免れたばかりか、村人の困難な現状を伝えることに成功し、殿様から植林と年貢の減額の約束を取り付けることになるのです。民衆の歌は風刺の道具にもなれば、あらぬ噂をまき散らす道具にもなる、という民謡の性質を熟知した久保ならではの着想ですが、セリフが生き生きとしているうえに、ストーリー展開も鮮やかで読者を飽きさせません。

戯曲の中で歌として指定されているのは、「樟脳節」、「草切り節」、「増田周袈裟節」という三曲の民謡のみですから、オペラの台本としては不十分かもしれませんが、口承文化としての民謡の本質をストーリーの中心に据えた、劇作家・久保の確かな腕を感じさせる作品になっています。

3　わらべ歌と文学

こうした久保の文学者としての資質は、彼が残した民謡関係の著作にも大いに活かされています。それが最もはっきりと現れているのは、『南日本わらべうた風土記』（図9）でしょう。

試みに、「語呂あわせ」の章を繙いてみましょう。

図9　『南日本わらべうた風土記』の表紙

語呂のたたみかけは、ことばに明快なリズムと節度をあたえる。この節度が、言うほうと聞くほうの心をいっしょにゆさぶるのである。

戻ろい　もんちゃん
帰ろい　かんちゃん　　熊本

戻ろい　桃くお
帰ろい　柿くお　　宮崎

もー行こ　桃ん子
さー行こ　笹ん子　　鹿児島

全国的なひろがりをもつ「蛙がなくから帰ろ、ネズミがなくから寝ェんね」などは、時刻と生活の節度をたくみにあざなった逸品である。

こどもたちの詩心と音感覚は、こうした小さなところで養われ、あそびもまた、ここからはじまる。

久保の手にかかると、ありふれたわらべ歌でさえ、新たな魅力で輝き始めるような気がするから不思議です。同じ『南日本わらべうた風土記』にある次の記述などは、描写にとても奥行きがあり、まるで演劇の舞台を見ているような錯覚を覚えるほどです。

南の島の村々は、おおかた木立にかこまれている。その木立からは、ひねもす青鳩の声がもれてきて、くんむ・くんむと、とぼけた尺八のようなその声は、くりかえしくりかえし余韻をひき、おさない者たちに詩情をたたみこむのであった。

こうした村にすんでいて、唄ごころが湧かないはずはない。(……)

たとえば夏休みのさなかに、きゅうにこどもたちを集めなければならないとき、二、三人の子に用件をつたえれば、かれらはそれをうまく要約して、

明日ぬ八時に

三年から六年までェ

学校にあつまりよー

などと、うたいひろめるのである。その声は、やがてひとりふえふたりふえして、またふた手にもみ手にもわかれいって、たちまち村のすみずみまで響きわたり、村いっぱいがこどもたちの唄ごえで、ふくれあがってしまうのであった。

ただ歌のみを紹介するのではなく、それが歌われる情景も含めて説明する久保の手法は、友人である児童文学者の椋鳩十からも絶賛されました。しかも、久保作品の面白いところは、こうした臨場感を楽しんでいるのが、読者のみならず、作者の久保自身でもあるように思えるところです。久保はこうした書物を書くことで、もしかしたら、わらべ歌とは無縁だった自分の少年時代を取り戻そうとしているのかもしれません。それほど、その書きぶりは愉悦的です。

いずれにせよ、ここで書かれているようなわらべ歌に囲まれた少年時代というのは、久保が自分で経験したことでは決してなく、あくまでも想像の産物であったということは強調しておく必要があるでしょう。この『南日本わらべうた風土記』という書物全体にそこはかとなく漂う憧憬は、そうしたわらべ歌に囲まれた子供たちに対して久保自身が抱く憧憬なのかもしれません。

Ⅳ　民謡収集家

1　「民謡は悲しんでいる」

略歴にも書きましたが、中学生のときに喜界島で民謡に出合った久保は、最初に教師として赴任した種子島で本格的に民謡採集に取り組み始めます。昭和十七年（一九四二）のことでした。日本の民謡採集の草分けとして知られる町田佳聲が、青森で民謡採集を始めるのが昭和十二年（一九三七）ですから、久保の採集は全国的に見ても大変に早いものであったことが分かります。しかも久保は、その四年後にはいわゆる「道の島」を伝って沖縄まで行っているのです。

「土の唄」で語るところによれば、このとき久保はハーモニカを持参しました。終戦直後の田舎では、学校にオルガンもありませんでしたから、ハーモニカを吹くと大変喜ばれたそうです。こうして気に入られれば、ご飯を食べさせてもらい、一夜の宿も提供してもらえるというわけです。

手軽な録音機が登場する前の時代ですから、民謡の旋律の採集はハーモニカの数字譜を使って行いました（図10）。それも面と向かってやると怪しまれるので、気づかれぬように隠れてやらねばならず、いろいろ苦労したようです。

酒を飲むと歌ってくれる人が多かったので、付き合いで一緒に飲んでいるうちに、自分も酒飲みになってしまったそうです。生前の久保を知る人たちは、「酒を飲むと性格が豹変した」とか「酒を飲み始めると取材にならなくなった」など、必ずと言っていいほどその酒癖を話題にしますが、それももともとは採集がきっかけだったわけです。

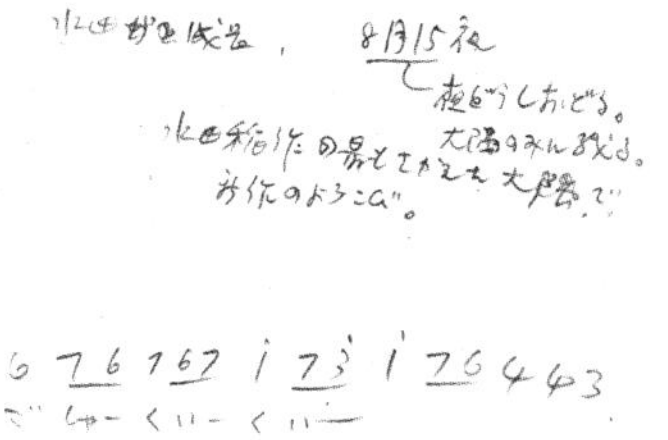

図10　久保自筆のハモニカ譜

当時の民謡採集の大変さを知るには、昭和二六年（一九五一）七月十六日の南日本新聞の「郷土文芸」欄に掲載された「民謡は悲しんでいる」という久保自身が書いたエッセイを読むのが一番いいでしょう。少し長いですが、貴重な文章ですので全文を引用します。

みなみの国は民謡の宝庫である。沖縄でザット五百曲、奄美が二百曲、種子島五十曲。いや、まだ多いかもしれない。そして、それらの大半は珠玉のように美しい。しかもその珠玉は、いたずらに草むらの中に見捨てられていた。

ああ、えげつなきかのオハラ節が土足で文部省にふみのぼっているのに比して、これはまた何という大きな審美の誤差であろう。

ひと年、憤するところあって、私はこの南方民謡採譜の旅を思いたった。そしてこの旅は、思わぬところで、まごつき、戸惑わねばならなかった…（民謡は夜でないと唄えぬそうな）（ノドを潟さないと声が出てこないそうな）（唄なんか唄ってくれるような閑人は、いないそうな）…私はウサン臭く見られ、うるさがられ、酒場でたかられたりして、わずらった。第一、採譜ということからして、なかなか通じないのである。曲をとるんだと何ぼ言ってきかせても歌詞を棒よみにして、くどくど注釈するお婆さん、音質そのものを録音してもらいたいらしい娘ご…言葉が通じない悲しみと、関心の角度のくい違い。

しかも民謡は野放しである。同じ曲でも地方によって、同じ地方でも唄い手によって、同じ唄い手でも場所によって（真面目なときと宴会と）同じ場所でも歌詞によって、それぞれズレがあり、違った化粧をする。…のど自慢たちはそれぞれ器用な即興作曲家なのだ。ひと通り採譜して『も一度』と云えば、それもう違っているではないか。

この、だらしないまでに多岐な表情を一々追っかけまわしてると、さしづめ一曲について十二、三種の素顔が記録されるであろう。民謡採譜はかくてたどたどしい。

一昨年、恩師田中義人先生のすすめで整理したのが、熊毛二三曲、奄美七六曲、沖縄百四曲、しかし磁場のせまい民謡楽譜だ、出版しようもないではないか、徒労という観念がいつも目くばせして、私の道は遠かった。

図書館の久保田先生や放送局の柴田先生の引き合わせで、琉球古典のK氏、奄美のH氏、種子島のY氏などを知り得て、非常な便宜をいただいたが、さて、問題がここにある、この方達はお叱りになるかもしれないが、私は本当に愛すべきもの、珠玉の音階は、むしろ一流の民謡家たちが後生大事にひらめかしている得意のお座敷唄より、行きすがりの鼻唄、機おり娘の片言、船客の口ずさみ、汽車の中の臆病な口笛、そうしたところで拾う場合が多いと思うのである。はやり節だとけなし、なまっているとヒンシュクされる手軽なもの、これにこそ星のような価値を見出せると思うのである。

民謡が時代と妥協する事をおそれてはならない。民謡もまた生き物である。なる程、古典は格が高く匂いが深い。沖縄の中里節、瓦屋節など、すばらしい傑作である。それはケチな日本民謡など足げにして、大変奏曲のテーマとしても恥かしからぬシロモノである。しかし、血の通う小さな民謡の親愛な身ごしらえを見よ。民謡採譜はかくの如く一人の民謡通によどんでいられないところに、煩わしさがある。こう思うのである。

あわれな民謡……誰ぞあらん、深く民謡を愛し深く情熱をやる士（原文ママ）がおいでなら、私の今までの努力を根こそぎ提供するにヤブサカではないんです。皆さん、かくも真面目に南方民謡の悲しみを悲しみとする私を、いじらしいとお思いになりませんか…迷い子の、迷い子の南方民謡を助けておくんなはれ！（天保山中学校教官）

この時代は、「民謡の採集」と言っても簡単には分かってもらえず、胡散臭い奴と思われ、危険な目にあうことも多かったようです。「土の唄」によれば、ある山の上の部落を訪れたとき、焼酎の密造をやっていて、「おまえは誰だ！」と問い詰められたことがあったそうです。説明しても意図を理解してもらえません。悪いことに、久保が去ったあと、その部落では偶然警察の手入れがあり、久保は密告の嫌疑で追われるはめになったそうです。大隅半島では共産党の地下活動分子だと思われ、特攻隊崩れの右翼からナイフで足を刺されたりもしました。民謡採集は、大げさではなく、命がけの仕事だったのです。

2　土地の歌

久保が求める民謡は、採集されている当人すら価値があるとは思っていないような歌でしたから、採集は困難をきわめました。『南日本民謡曲集』の中で、久保は自分が求める歌をこう定義しています。

そもそも民謡とは何ぞ。（……）ただ私がいう民謡とは、野の唄・山の唄・海の唄である。芸人の唄うものではない。ズブの素人が、草かげで唄っている唄である。

このような歌を集めようというわけですから、採集される側もその意図を理解するのは大変だったことでしょう。

終戦当時、ある老人に「土地の歌を」と所望したところ、「枯れすすき」を歌い出したそうです。この歌は野口雨情の作詞、中山晋平の作曲により、大正一〇年に作られた流行歌でしたが、老人にとってはそれが「土地の歌」だったわけです。確かに、「枯れすすき」はその土地でよく歌われていたでしょうから、この老人を責めるわけにはいきません。

一方、「素晴らしい歌を知っている」という噂で取材した人が、自分の歌を「歌」だと認めず、さんざん歌うのを渋った挙句、歌ったあとで皆が褒めても、「いや、歌じゃごわはん。ハヤッぐゎんさ」と、繰り返すこともあったそうです。久保は、この人にとってハヤシとは、「生活のリズム」の意味だったのではないかと推測し、だとすれば「賞賛すべき言葉である」と付け加えています。

大隅半島のある村で、「この辺の歌を」とお願いすると、「鹿児島市と同じオハラ節ばっかりごわんさ」という答えが返って来ました。しかし、その後ちゃんと調査をすると、その村には珍しい歌がたくさんあったそうです。歌の価値というものは、必ずしも土地の人が自覚しているものではないのです。

しかも、「土地の唄」は必ずしも現地で採集されるわけではありません。たとえば、久保が「市来こもり歌」を採集したのは、旧市来町ではなく種子島でした。種子島で国分の子守歌を歌ったところ、居合わせた市来出身の人が、「祖母から習った子守唄だ」と歌ってくれたそうです。

悪石島で黒島の歌を採集したこともあります。一九四六年に奄美・沖縄に密航したときのことです。まず種子島から屋久島へ行き、そこから小さなポンポン船で悪石島に行くのですが、偶然密航を手伝ってくれた人の家で、「塩屋浜出て水汲むときは／見えた黒島／なつかしか」という歌詞で始まる「あよう節」を採集しました。塩屋は南薩の町ですが、三島村の人たちがよく塩炊きの出稼ぎに来ていたので、黒島の歌が伝えられていたのです。

人は生まれ故郷にずっといるわけではなく、移動しますから、意外な場所で意外な宝物に出合うこともあるわけです。民謡採集のためには、「大げさにいえば、四六時中きき耳を立てていなければならない」と、久保は言っています。

それほど苦労をして集めた民謡でしたが、昭和二六年（一九五一）十月十四日に鹿児島を襲ったルース台風のために、民謡を書き留めたノート類の大半が流失してしまいます。先に引いた「民謡は悲しんでいる」というエッセイが新聞に掲載されてから、三か月後のことでした。

3 『南日本民謡曲集』

その九年後の昭和三五年（一九六〇）に出版されたのが、『南日本民謡曲集』でした。タイトルにある「南日本」ですが、この書物では鹿児島県（というよりは、熊本県と宮崎県の一部を含む旧薩摩藩の領地）と沖縄県（八重山を除く）を含むかなり広い範囲を指します（図11）。内容は楽譜篇と歌詞・解説篇の二つに分かれ、楽譜篇には本土（薩摩・大隅）一四〇曲、近島（長島・甑島・種子島・屋久島・三島・十島）五五曲、奄美群島一三五曲、沖縄八五曲（うち二〇曲は世礼国男の声楽譜工工四からの復元）が収められました。

この曲集は、台風のあとに再度収集された民謡を中心に編まれたものでした。久保は「土の唄」で、昭和二七年頃に「待望のテープレコーダー」を手に入れたと語っていますが、これは失われた民謡の再採集を急ぐ意図もあったのかもしれません。久保はのちに、「テープレコーダーを手に入れてから採集した民謡は、それ以前に集めたものよりもずっと少なかった」と語っていますから、台風がなければどれほどの民謡が残されたのかと悔やまれます。

なかでも奄美群島関係の民謡に関しては、『南日本民謡曲集』に収録されたものは歌い手がかなり偏っており、久保の実母である久保カネの名前も見えますから、多くは鹿児島在住の身近な離島出身者たちから採譜されたのではないかと推測されます。

この歌集の歌詞・解説篇に収録された曲は、楽譜篇よりも百曲ほど少なくなっていますが、理由は、楽譜篇には同じ曲に幾つかの異なるメロディーが記載されているからです。先のエッセイにも書かれていたように、民謡とは「一曲について十二、三種の素顔が記録される」のが普通なのです。

図 11 「南日本」の地図

この民謡の捉え難さを久保は、「手でウナギをつかむが如し」と譬えています。先述のように、彼は数字譜などの方法で民謡を書き留めましたが、実際の民謡にはピアノの鍵盤にある十二音以外の微分音（半音よりも細かい音程）が含まれますから、簡単に五線譜に書き表すことはできません。「土の唄」で久保は、「何度聞き直し、何度書き直しても上手くいかず、くぼけんおならぬ、僕嫌悪（ぼくけんお）に陥った」と、この経験を自虐的に語っています。

困難は歌詞に関してもありました。民謡の多くは方言で歌われますから、共通語としての日本語とはかなり違う用語や表現が用いられています。特に南日本の方言は島ごと、集落ごとに異なっているのです。久保が『南日本民謡曲集』の巻頭に「方言辞典」を付けたのも、歌詞の意味を少しでも分かり易くするためでした。「辞典」の「前言」には、こう書かれています。

南日本の方言は物すごい。十里はなれれば、もう解らない事がある。鹿児島の子が他県に就職して、言葉のハンデに泣くという。その鹿児島は谷山言葉をわらい、谷山は枕崎をわらう。そして枕崎は島を、島の港町は山言葉をわらう。より田舎の者は、より街の言葉に、いつも気おくれしている。

加えて、民謡は文字にした歌詞の通りでは歌えないことがあります。この曲集では、歌詞篇では、たとえば「髪をけずる」とした歌詞を、楽譜では「カモけずる」とするなど二通りの書き方を採用することで、それを乗り切りました。

歌詞についてはさらに、共通語にない発音を持つ奄美・沖縄の言葉をどのように表記するかという根本的な問題もありました。久保はそれをすべて現代カナ遣いにするという方法で解決します。おそらく、内心忸怩たるものがあったに相違ありませんが、民謡はどこかで思い切った決断をしなければ文字にはならないのです。

久保の最初の民謡曲集である『南日本民謡曲集』は、こうした「苦闘」の跡を留めているという点でも、大変に貴重な記録だと言えるでしょう。

4　続々と形になる成果

この曲集を出版して数年間、久保はＮＨＫと共同で離島を中心に民謡の採集活動を行います。その成果は、まず昭和三八年（一九六三）刊行の『奄美のうた』となって現れます。この冊子には昭和三六年（一九六一）から奄美大島に通って収録した、福島幸義（こうぎ）、池野無風（むふう）、南政五郎、武下和平（かずひら）、作田秀光、石原豊亮（とよあき）、山田武丸（たけまる）ら当時の名唄者（うたしゃ）が歌った歌詞が解説付きで収録されています。歌詞については、「これすらすでに難解で、後考にまつところが多い。ましてや埋れた方面では、日に日に謎のヒダを深めていく一方である」と、率直に現状を分析しています。

奄美に関する出版物は、この『奄美のうた』を含めてその後計三冊刊行されますが、いずれも楽譜はなく、録音に関しては「久保録音資料」でその一部を確認できるものの、多くは所在不明です。

奄美関係の二冊目の書物、『徳之島の民謡』は、昭和四一年（一九六六）に刊行されました。内容は主に、田植え歌、八月踊り、種々の祝い歌等の歌の歌詞と解説です。久保は徳之島を日本旋法の南限、それより北には琉旋法が入り込めなかった島として、「不思議な島」と呼び、島の特色として斉唱歌が多いことを挙げています。この小冊子は作者自身により、「ジャングルで東西の方角だけはつかみ得たような気がしてきた」ときにまとめられた「ひとつのサンプル」と呼ばれていますが、その謙虚な発言とは裏腹に、内容はきわめて豊富です。

昭和四四年（一九六九）には、「奄美民謡シリーズその三」として、『えらぶ・よろん民謡辞典』が刊行されます。この辞典は、沖永良部島と与論島で採集した歌詞と曲名を五〇音順に並べたもので、収録した曲数は八二曲に及び、約二百語の語源の考察が試みられています。

久保は沖永良部島を、「実に蒙古側から来た北方系音楽の帯と、南島から来た南方系音楽の帯の結び目である」こと、つまり「旋法としては琉球音楽圏でありながら、蒙古系旋法の日本民謡をもふんだんに取り入れている」ことから、「世界の音楽学者が注目すべき沖永良部島」と呼び、「南日本の民謡の焦点」と位置づけました。

「喜界島資料」には生前久保が所持していたこの辞典が一冊含まれていますが、夥しい加筆修正が施されています（図12）。刊行後もつねに新しい知識を仕入れて、ブラッシュアップしていたということでしょう。前著『徳之島の民謡』が九一頁だったのに対し、この辞典は二二一頁と倍以上のボリュームがあります。自費出版ながら渾身の力作と言っていいでしょう。「序」には、「本書をひもとく青少年の中から、あるいは語学に秀で、あるいは古典文学に精通し、あるいは詩情豊かな人物があらわれることを祈ってやまない」と、将来への希望が記されています。

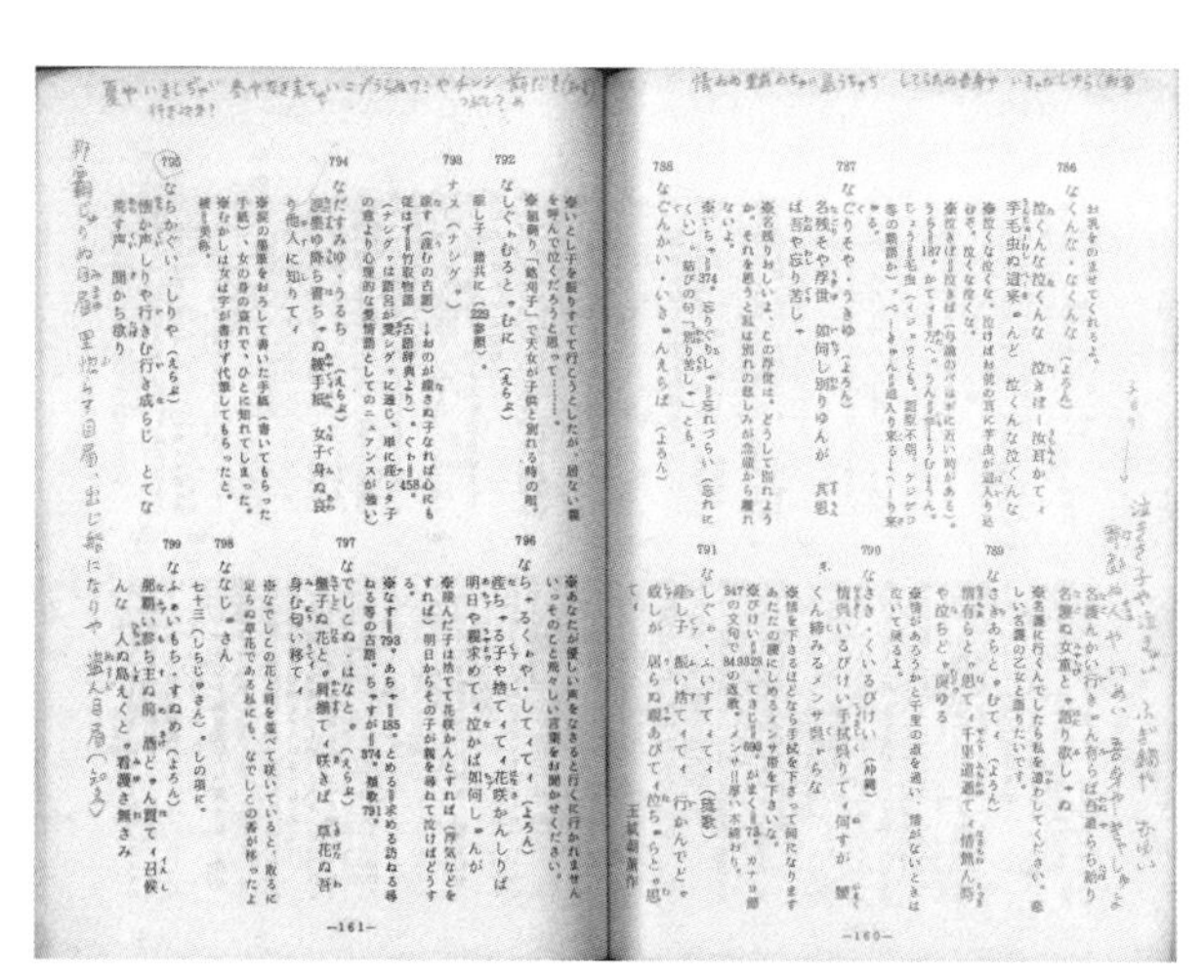

図12 『えらぶ・よろん民謡辞典』の書き込み

久保は歌詞集として、ほかにも『南日本わらべうた風土記』と「日本わらべ歌全集」第二六巻として出版された『鹿児島・沖縄のわらべ歌』（杉本信夫、高江州義寛との共著、前半の鹿児島篇のみを久保が担当）という二冊のわらべ歌集を各々昭和三九年（一九六四）と昭和五五年（一九八〇）に刊行しています。前者はすでに少し紹介しましたが、後者は前者のような〝遊び〟の要素はなく、楽譜、歌詞、曲目解説というオーソドックスな作りになっています。

久保の民謡採集は若い頃に集中している感があり、年齢を重ねるにつれ少なくなっていったようです。主要な曲目をあらかた採集してしまったということもあるかもしれませんが、晩年には、民謡やわらべ歌を使った教育の仕事が比重を増して来ることも一因のように思われます。

Ⅴ　民謡研究家

1　方言

久保は民謡を収集しただけではなく、また集めた民謡について丹念に調べたり考えたりもしました（図13）。本章では、そうした久保の民謡研究家としての側面に注目することにしましょう。

久保が民謡採集を始めたとき、日本の民謡界は東北民謡の全盛期でした。東北民謡こそが素晴らしいという風潮の中にあって、「薩摩にはいい民謡がない」と皆が思い込んでいたのです。久保はこの風潮に対して、「日本の民謡の主流が東北になっているだけで、薩摩という別の型を拡張すればいい」と語っていました。薩摩にいい民謡がないと思うのは、単に人々の耳が東北民謡に慣れているだけで、薩摩の民謡に慣れればその評価も変わるというわけです。

このように、久保の民謡に対する姿勢はきわめて客観的で、柔軟でした。彼が重視したのは民謡に優劣をつけることではなく、なぜ各々の地域の民謡が現在あるような形になったのか、その理由を問うことでした。久保にとって、民謡とは各々の土地の風土習慣の反映にほかならなかったのです。

特に注目されたのは、「言葉」です。民謡は「民の唄」ですから、多くは土地の人々が話している言

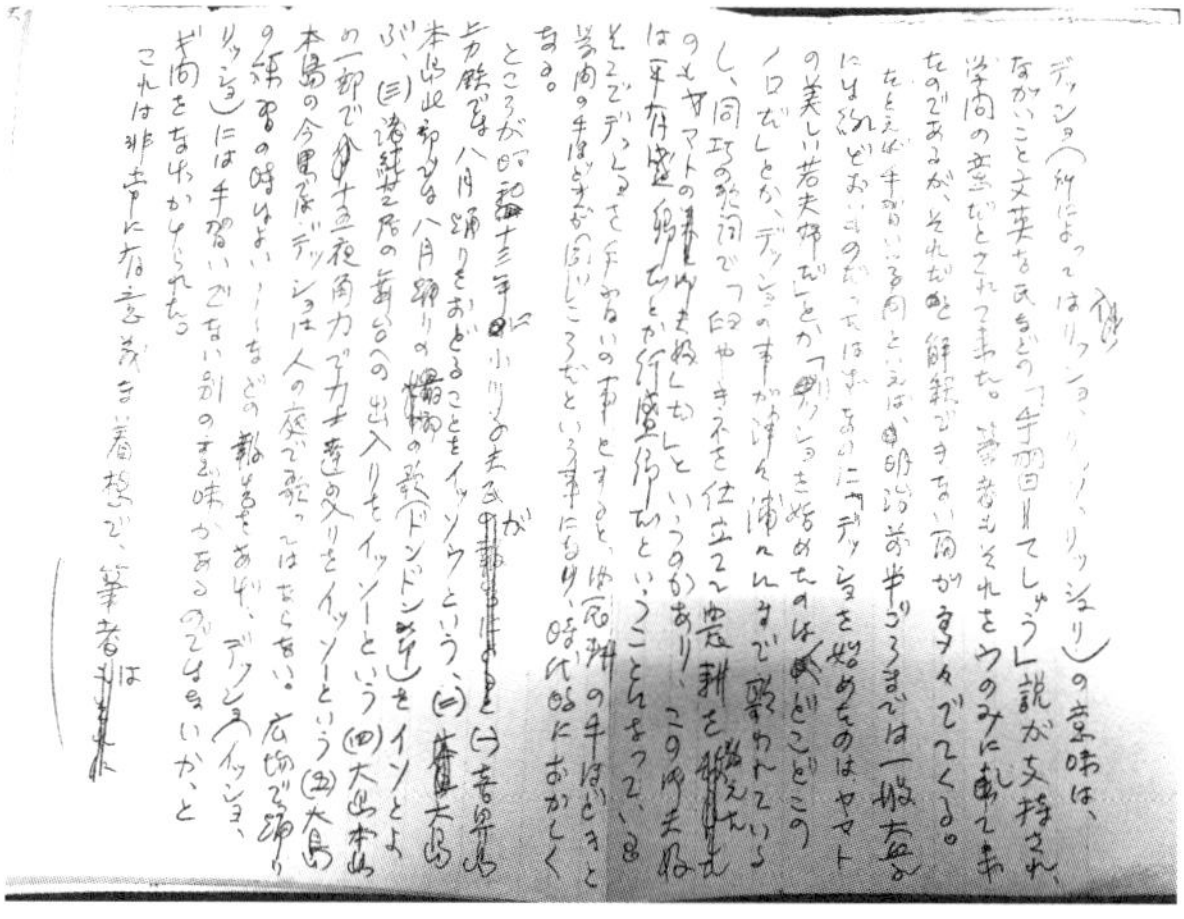

図 13　久保のノートの一部

葉、すなわち方言で歌われます。しかしながら、当時の日本では方言を禁止しようという動きが盛んでした。そのせいで大方の日本人は、自分たちの日常語である方言に対してコンプレックスを抱くようになっていました。久保はこうした傾向に真っ向から反発しました。たとえば、昭和四四年（一九六九）十月に南日本新聞に掲載された「方言を守れ」という記事では、方言を「無用視する所には精神的独立はなく、植民地気質しか育たないであろう」と断言し、「方言は卑下すべきものではなく、理解を求めるべきである。求める権利と価値があるのだ」と力説しています。

民謡とはそもそも、土地の言葉のリズムやイントネーションの反映です。久保は「いってらっしゃい」を例に取り、種子島ではそれが「いたて、おじゃり申せ」、歌われるときには「いたておじゃいもうせ」になり、奄美では「いじ、いもうりんそうり」となると、その地域における相違を紹介します。そのうえで、どちらの方言も重心が後ろに来るので、旋律を長く伸ばすのに向いており、そのため種子島や奄美では民謡も余韻じょうじょうたるものになる傾向があると説明します。

一方、鹿児島では、同じ「いってらっしゃい」は「いたっおじゃんせ」というゴツゴツとした乾いた語感になり、いきおい歌もカラッと明るくなる傾向がある、と言います。薩摩の古老たちの言葉を使えば、「鹿児島の歌はイッギレ節だ」ということになりますが、イッギレとは息切れのことで、イッギレ節とは息せき切って歌うせっかちな歌という意味です。鹿児島人がゴッタン

（板張りの三味線）の乾いた音を好むのも、こうした薩摩民謡の性質と関連があるのではないか、と久保は推測します。

同じ南日本という地域の中で、土地によってこれだけ言葉が変わり、民謡の雰囲気も変わるわけですから、先に見た民謡に対する久保の柔軟な姿勢は、南日本の多様な言葉や文化と向き合う中で自然に生まれてきたものだったのかもしれません。そして、このことは、次に見る民謡の旋法論においても確認できます。

2 「日本民族旋法論」

『南日本民謡曲集』には「日本民族旋法論」というタイトルの論考が収録されています。その冒頭にはこう書かれています。

いままで日本民謡を論ずる時、おおかたは南日本を無視していました。そのため大切な日本民族旋法に対する考え方にも片手落ちがあったようです。

私はここで、新しい角度から、その問題を見て行きたいと思います。

私のこの旋法論は、私が南日本各地の民謡を採譜してまわるうち、徳之島（奄美）以北の人々と沖永良部島（同じく奄美）以南の人々とは「音感を異にしているのではないか」という疑問を持ちだした事から出発し、両者の唄のズレを検討するかたわら、それを延長して日本全域にわたる旋法を調べ、体系化しようと試みたものです。

事情を知らない人にとっては、これは不思議な記述に見えるでしょう。南日本各地から出発して、「かたわら、それを延長して」日本全域に至るというのですから。しかし南日本では、久保の理論において日本の基本的な旋法とされる陽旋法、陰旋法、琉旋法がすべて揃っていると言えば、納得してもらえるのではないでしょうか。つまり、南日本の旋法を検討することは、そのまま日本の基本的な旋法を検討することになるのです。

このように、久保にとって旋法の問題とは、何よりもまず自分がフィールドとする地域の問題でした。久保の関心の根柢にあるのは、なぜ南日本という一地域にこうした多様な旋法が共存しているのかという疑問です。無関係なものが隣り合っているはずはありませんから、彼はまず自らの旋法論を旋法相互間の関係を問うことから始めます。

旋法の問題は大変に難しく、また諸説あり、どんなに簡単に説明しようと思っても、専門的な説明が多くなってしまいます。専門的な事柄に関心のある方は直接原典に当たっていただくとして、ここでは久保の旋法論の特徴を次の二点に絞って説明しましょう。

久保はまず先の三つの基本的な旋法から陽旋法を取り上げ、そこに含まれる五つの旋法を、自らド陽旋、レ陽旋、ミ陽旋、ソ陽旋、ラ陽旋と各旋法の開始音の階名を使って明快に名づけていきます。これらの旋法は従来、論者によってさまざまな名称で呼ばれていましたが、多くはすぐには実体が理解できない名称でした。久保の音階論を高く評価した東川清一は、このシンプルなネーミングに注目し、「階名法に対する久保氏の熟達ぶりは見事という他ない」と激賞しています。そのうえで久保は、さらにこれらの五つの旋法が、「ミ」を半音上げたり下げたりする、きわめてシンプルな原理により、ぐるぐると円を描いて旋回する構造になっていることを突きとめ、それを「日本民謡の浮動性」と命名します。

つまり、陽旋法における旋法の多様性は、ミ音という一音の浮動性というきわめてシンプルな規則に従っているわけです。久保はこう言います。「一つか二つの音を半音あげるかさげるかは土地々々の好みによるもので、これらの旋法はいつも隣あわせに存在していると考えてよい」。

詳細は省きますが、ここから久保はさらにこの陽旋法と他の二つの旋法、すなわち陰旋法と琉旋法との関係の解明にも向かい、その関係も突きとめます。

「日本民族旋法論」の最後には、琉球民謡を歌う鹿児島市の中学生がいつしか自然に陰旋になっていたという逸話が披露されたあと、陽、陰、琉の三旋法が円を描いて相互に関係し、交流し合う図が掲げられます。こうして久保は、南日本という狭い地域でなぜ多様な旋法が共存するのかという疑問に対して、一つの答えを導き出すわけです。

3 「土地」からの学び

このように久保の研究は、自身が住む南日本という「土地」と切り離せないものでした。その点で、彼はこの土地の多様性と対峙しながら研究を進めていったと言えるでしょう。以下、その過程がよく分かる逸話を幾つか拾ってみることにしましょう。

「大漁節」という歌があります。多くの人は、大漁の喜びを表すために歌うものだと思っているかもしれません。それは久保も同じでした。ところが、屋久島の漁師に「大漁のときの唄を」と所望したところ、「大漁のときは疲れ切っているので歌わない。大漁節はむしろ不漁のときにやけのやんぱちで唄うもの」と言われて、蒙を啓かれます。

同じ屋久島ではまた、九七歳の老婆から、昔は「草刈りのときはハンヤ節を唄った」という話を聞いて驚きます。種子島に住んでいたときの経験から、「草切り節」はのどかな風景の中でのんびりと歌うものだと思い込んでいたからです。「民謡の知恵」という評論で、久保はこう書きます。

草刈りの唄だから、こうあるべきだ、子守唄だから、こう唄うべきでしょう……などと知ったかぶりは言えないのである。子守さえやとうことが出来ない人々の子守唄は荒っぽくとげとげしいのだ。おなじように断崖の島には断崖の草刈り唄があり、水平の島には水平な草刈り唄があるのである。

久保の民謡の旅は、こうした自分自身のさまざまな思い込みを正していく学びの旅でもありました。民謡とは、まさに言葉や地形など土地のさまざまな特徴の産物にほかならず、同じ日本でも土地によって異なっていて当然なのです。

たとえば、日本民謡の中には星が登場する歌はほとんど見当たりません。しかしながら、南の島々には星を詠み込んだ歌がかなり多く見つかるのです。「南の島では、星さえも手にとるように大きい。ひとびとは星におもいをのべ、星をたよりに航海し、また農耕する」と、久保はその理由を推察しています。

4 「合唱」の起源

久保が生涯その実践について思いをめぐらせたものに「合唱」があります。詳細は次章に譲りますが、彼は合唱が人間にとって自然な行為だという確信を持っていました。そして、その確信に大きな影響を与えたのは、奄美群島の集団歌唱でした。久保は奄美の「唄あそび」について、先の「民謡の知恵」でこう言っています。

青年男女は、浜に出て「唄あそび」にふける。このばあい、おおかた和唱であるが、時おり、一小節か二小節ずらして唄ったり、しばらくのあいだ皆より一オクターブあげて唄ったりするものが出てくる。これはとくに闇の夜など、愛する者に自分の存在を知らせるために用いられるテだという。

輪唱や裏声の発声は、こうした所にあるのではあるまいか。

唄あそび以外にも、奄美には八月踊り歌をはじめ集団で歌唱する歌が多くあります。久保がそうした歌に多く触れたのは、昭和三〇年代から四〇年代にかけて徳之島を取材したときでした。

徳之島は全員が声を合わせて歌う歌が多く、田植え歌でも男女に分かれて、異なる旋律で高音部と低音部が歌われていました。久保はそれを「二部合唱としての鑑賞にもたえる立派なもの」と評価し、さらにこう付け加えます。

徳之島南部の正月唄は、右の手法が、さらに見事にととのったもので、男組がかなり長い上の句をうたい、女組が下の句をうけつぐが、女組が下の句を歌うあいだ男組はふたたび上の句をうたう。このさい男組のは巧まざる低音としてハーモニーをなす。これは、もはや完全に輪唱とかカノンとかのはしりと見てよい。

同様の観察を、久保は井之川の夏目踊りでも行い、こう感嘆します。「両者の高さはオクターブ違いですから、重なっても濁った不協和音になることはなく、まるで太古の神々たちの饗宴を思わせるような、そして雲の上にでも舞い上がっていくような合唱に聞こえる」。

ところで、こうした自然発生的な合唱は、わらべ歌にも見られます。わらべ歌も奄美群島の集団歌唱も、楽譜を見ながら歌うわけではありません。彼らは音楽学的な知識などなしに、自然と声を合わせるのです。子供たちは文字を習う以前から歌いますし、奄美群島の民衆も学校教育が始まるまでは、日本のほかの多くの田舎と同様、文字文化とは縁遠い生活を送っていました。それでも、彼らは自発的に掛け合いで歌い、ハーモニーを奏でていたのです。この事実は、久保が音楽教育について考えるうえで一つの基盤になりました。

Ⅵ 音楽教育家

1 西洋音楽至上主義に抗して

すでに述べたように、久保が民謡を収集し始めたのは、最初に教員として赴任地した種子島においてでした。彼は自分が集めた民謡を授業に使って、視学官から「けしからん」と大目玉を食らいました。

この逸話が示しているように、久保にとって民謡を集めることはまた教材を集めることでもありました。彼のうちでは、民謡の収集と教育は最初から切り離せるものではありませんでした。それどころか教育が占める比重は、収集の仕事が一段落するとますます大きなものになっていったようです。

久保は教員でしたが、先述したように専任教諭としての仕事は『南日本民謡曲集』を出版した年に辞めてしまいます。しかしながら、その後も幾つかの学校で非常勤講師を務めていましたし、自宅に民謡教室を開設したり、市民講座の民謡教室の講師を務めたりと、音楽教育には生涯関わり続けていました。その意味で、教育という仕事はまさに久保の活動の要となるものであったと言えるでしょう。

しかしながら、久保は日本の学校音楽教育に対しては批判的で、特に明治以来の西洋音楽至上主義には大きな疑問を持っていました。この問題について、久保は方々で発言していますが、「喜界島資料」の未発表原稿にはかなり率直に書かれたものがありますので、少し引用しましょう。

江戸時代の身分制度が歌舞音曲にも階級をつけ、武士は尺八・コト、三味は町人とし、らんじゅくした元禄あたりから、都ぶり第一主義となり、農民百姓どものすることは野卑でさわがしいものと思い、農民自身もそう思いこんだ。そのため野にいたはずの民謡もエゴイズムとなり、ふるさとの山を去り海を去って、仕事唄でさえ仕事をいやがった者（芸人）たちの手になって、おしろいをつけて四畳半に身うりした。（……）

しかしである。みずからの民族的エネルギーをわすれて、よその国から輸入してきたエネルギーにのみ国をうばわれてよいか。完成された作品とはいえ、かりものの演奏と本物の演奏を見分ける力が、ほんとうに吾々自身にあるのだろうか。

つぎ木をするのはよろしい。つぎ木をして、より美しい花とし、よりおいしい果実とするのはよい事だ。しかしながら、いまの日本は、つぎ木はすれども肝心の根元を枯らせるような国策をとってやしないか。われわれは、しょせんが自らの足で歩き、足で生活していかねばならぬ。西洋文明のハンドルばかり器用にあやつっただけではすむまいと思う。

久保にとって民謡による音楽教育というものは、日本の音楽教育に巣食う西洋崇拝と、その裏にある自国の民衆文化に対する軽蔑を是正するための方法の一つでした。前章で論じたように、民謡や方言は日本の文化そのものですから、それを否定することは、とりもなおさず自らの血であり肉である文化を否定することになるのです。

「喜界島資料」の原稿には、こんな言葉も見えます。「民謡は、その風土の言葉である。桜島の熔岩の月にベートウベンを流しても、それは桜島の言葉にはならない。桜島の言葉はやはり桜島の島廻り節であり、さつまの言葉はやはりさつまの民謡である」。

2　わらべ歌教育

『南日本民謡曲集』の出版から三年後の一九六三年、久保は南日本新聞に六五回にわたって「ふるさとのわらべ唄」というタイトルで連載を行いました。

この連載は翌年、『南日本わらべうた風土記』という著作にまとめられますが、前著が基本的に大人向けの本だったのに対して、この本の対象は子供です。そこでは教育という意図がより鮮明になっています。

久保は「序」で、この本の用途として、社会科では民俗風俗の資料に、国語科では方言と詩の教材に、音楽科では創作指導のしるべに、小学校低学年では遊戯やリズム訓練の参考として利用してほしいと書いています。また、「こうした民族的(原文ママ)な材料で、こどもたちといっしょにあそんでくれるおとなが、ひとりでもふえること」を、なによりも大切なこととして付け加えています（図14）。

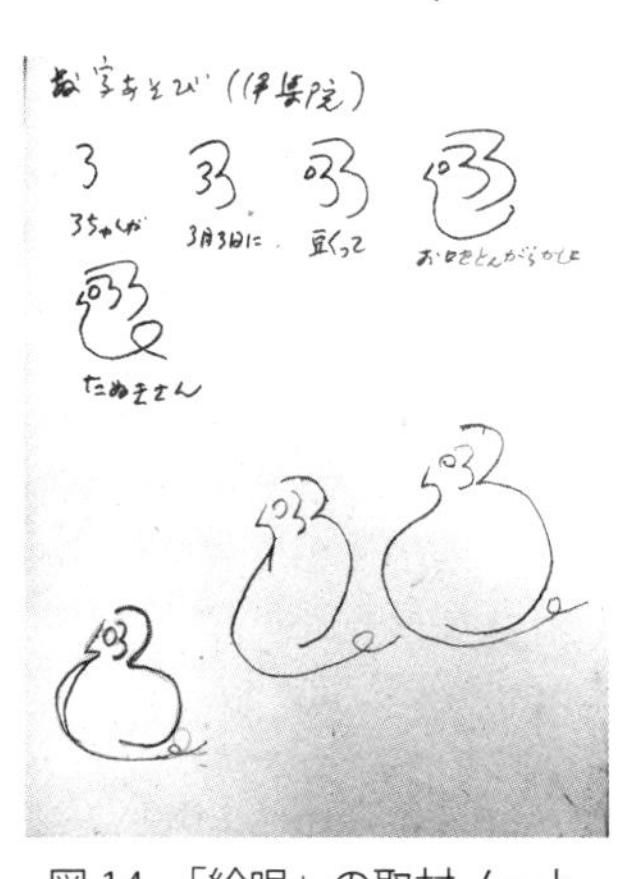

図14　「絵唄」の取材ノート

ところで、この時代にわらべ歌による教育に注目していたのは久保だけではありませんでした。それは、当時の日本の音楽教育界における一種の流行でもあったのです。

音楽評論家の園部三郎によれば、その最初の兆しは昭和三一年（一九五六）に催された日本教職員組合の教育研究集会にありました。この集会では、明治以来の西洋音楽至上主義が批判され、民謡などの民族が持つ伝統に目を向ける必要性が説かれました。

その議論の中から昭和三二年（一九五七）に「音楽教育の会」が発足し、さらに翌昭和三三年（一九五八）に小泉文夫の『日本伝統音楽の研究』が出版されると、伝統音楽による教育が必要だという声が次第に大きくなっていきます。「わらべ歌を教材に」は、先進的な教師たちの間で一種の合言葉になっていくのです。

久保の活動がこの動きとどのように関わっていたのか正確なところは分かりませんが、当時久保は鹿児島県国分市東小学校の教諭で、昭和三四年（一九五九）には『南島わらべ唄集』（図15）を刊行していますから、同時代の空気に影響されていたことは間違いないで

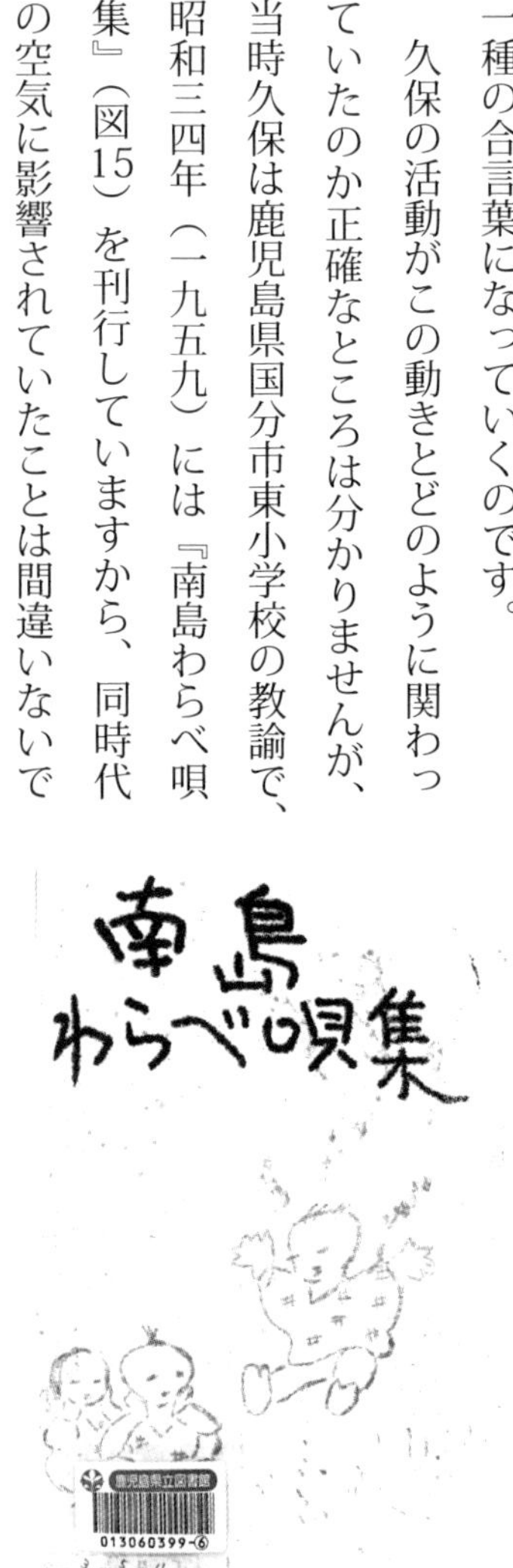

図 15 『南島わらべ唄集』の表紙
（鹿児島県立図書館所蔵）

しょう。

教育界における「わらべ歌ブーム」は、昭和三六年（一九六一）から小泉文夫が芸大のゼミ生と東京都内の学校を中心に行ったわらべ歌調査により、なお多くの児童によって歌われていることが明らかになると、いっそう盛んになります。久保は晩年に至るまでわらべ歌に関わり続けましたが、それはこうしたブームに支えられた一面もあったでしょう。

しかしながら、すでに見てきたように、久保のわらべ歌への関心は、こうしたブームとは関係なく、独自に生まれてきたものです。久保はかなり早い時期に自分の方向性を見出し、以来ずっと自らが信じた道を歩んできた人でした。わらべ歌ブームも、彼にしてみれば、ようやく時代が自分に追いついたという感じだったのではなかったでしょうか。ともあれ、久保が活躍した時期にそれを後押しするような風が世の中にも吹いていたことは、幸運だったと言っていいでしょう。

3　口まね合唱

久保は昭和四二年（一九六七）三月、『わらべうたのほん 上』（図16）という教則本を出版しました。この本では彼が「口まね合唱」と呼ぶ方法が初めて紹介されました。口まねというのは、簡単に言えば、楽譜をいっさい使わずに、歌われた歌をそのまま耳で覚えて同じように歌うこと

図 16 『わらべうたのほん 上』

です。真似をするのが得意という子供の特性を活かしながら、書かれたものに頼らずに、聞こえた音をそのまま歌うという昔ながらの自然な口承の形を、久保は学校教育においても実践しようとしたのです。

同年五月十五日、南日本新聞に「わらべうたの効用」という記事が掲載されます。そこで、彼はこう書いています。

> 近くの学校で子供たちと遊び、デタラメ合唱、マゼッカエシ合唱、クチマネ合唱などめちゃくちゃに試みたところ、ふとしたことから子供たちが見事に即興合唱をやってくれたのだ。それに力を得て、それを民謡に応用し、ある農村の集会に持ちこんだところ、おやじ衆も喜んで歌ってくれたのである。（……）
>
> そこで私の夢はおおいにひろがり、日本の山野を即興合唱で満たすことも可能ではないか、また幼児たちにわらべうたの中で自由精神をたんまりトレーニングさせたら、もっともっと創造的な日本になるのではないか—と考えるのである。

久保はなぜこのような方法を考えたのでしょうか。そのヒントを与えてくれるのが、昭和四一年（一九六六）五月の南日本新聞に掲載された「〝創造精神〟伸ばそう─郷土芸能総合研究を提唱」というタイトルの記事です。この記事で久保は、「目っかちな合理主義が社会からも人間からも個性をぬきとり、いちばん情緒あるべき教育すら、子どもたちを規格品化し、図式の中の一点としか見なくなりつつある」と嘆き、動物に芸を仕込むように、無理やり鋳型に入れようとする教育ではなく、結果よりも過程を重視する中で個性を伸ばし、人間性を深める音楽教育を提唱しています。

この方向性は、同じ頃に久保が徳之島をはじめとする奄美群島各地で多くの集団歌唱に触れた経験とも大いに関係があるでしょう。すでに見たように、この経験によって久保は「日本人にも自発的な合唱の習慣があった」と確信します。なぜそれができなくなってしまったのでしょうか？

外国では事あるごとに即興合唱をたのしみます。だのに日本でそれがみられません。なぜでしょう。合唱は人間の自然の欲求である筈だのに、日本では借り物みたいです。なぜでしょうか。

それは日本人が、初歩の段階で、自分の血に流れている旋律感の中で合唱のトレーニングをしないからです。

問題とされているのは、ここでもやはり、明治以来の西洋音楽至上主義なのです。そこで久保は、口まね合唱では日本人にとってなじみ深いわらべ歌の旋律を使うことにします。西洋風の旋律とは違い、わらべ歌のような自分の血肉と化した旋律であれば、日本人はすぐに覚えられるのです。その旋律を基本にして、それらを組み合わせたり、グループで交互に歌ったりして、自発的に少しずつ複雑な合唱を楽しむのが口まね合唱の狙いなのです。

一例を挙げましょう。子供たちを先発と後発の二つのグループに分けます。先発組が短い、まとまった旋律を歌ったあとで、後発組がその旋律の一部を何度も繰り返します。先発組がそのまま歌い続ければ、自然と二部合唱が出来上がります。一見すれば簡単な行為なように見えるかもしれませんが、後発組は旋律のまとまりを瞬時に把握し、その一部を聞き取ってそのまま口まねをして、先発組のスピードに遅れないでついていくわけですから、実際にはそれほど簡単ではありません。それどころか、集中しないとバラバラになりかねない、なかなかスリリングな掛け合いなのです。

このパターンを基本として、だんだん慣れてくると、繰り返しのときにオクターブ上げたり、聞き取った旋律の一部を即興的に変奏させたりと、さまざまパターンを試みることができるようになります。

『わらべうたのほん 上』は続巻として中と下が出版される予定でしたが、上巻のみの出版で終わってしまいます。が、久保はこの方式にこだわり、昭和四八年（一九七三）には『教育音楽』（音楽之友社）に「わらべうた即興合唱の指導」を連載しました。晩年には『即興合唱法「口まね方式」』という本を計画していたようですが、残念ながら出版には至らなかったようです。「喜界島資料」には、この本のためと思われる原稿が大量に保管されています（図17）。

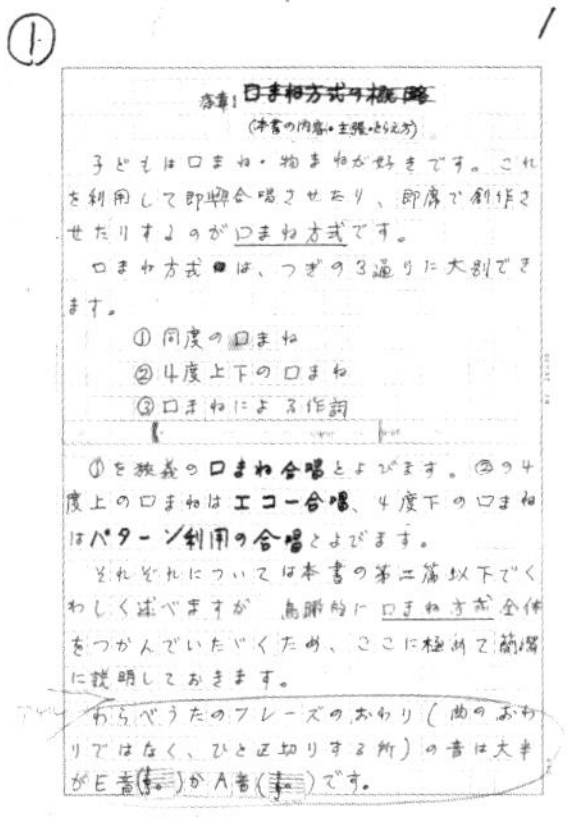

①　　　　　　　　/

序章1 ~~口まね方式の概略~~
（本書の内容・主張・とらえ方）

子どもは口まね・物まねが好きです。これを利用して即興合唱させたり、即席で創作させたりするのが口まね方式です。

口まね方式は、つぎの3通りに大別できます。

①同度の口まね
②4度上下の口まね
③口まねによる作詞

①を狭義の**口まね合唱**とよびます。②の4度上の口まねは**エコー合唱**、4度下の口まねは**パターン利用の合唱**とよびます。

それぞれについては本書の第二篇以下でくわしく述べますが、鳥瞰的に口まね方式全体をつかんでいただくため、ここに極めて簡潔に説明しておきます。

わらべうたのフレーズのおわり（曲のおわりではなく、ひと区切りする所）の音は大半がE音（　）かA音（　）です。

図17 『即興合唱法「口まね方式」』の原稿

昭和六二年（一九八七）と平成三年（一九九一）には、鹿児島短期大学付属南日本文化研究所が発行する『南日本文化』に、「わらべ遊びと即興合唱」という論考を二回に分けて発表し、この方法を実用化に向けて整理を試みています。

おそらく、久保はさまざまな機会を捉えてこの口まねという方法を試し、その成果や問題点を確認していたのでしょう。久保にとって口まね合唱とは、音楽教育家としての重要なライフワークの一つであったと思われます。

最初の赴任地の種子島で、学校の授業に民謡を使って叱責されてから最晩年にいたるまで、音楽をどのように教えるのかということは、久保にとってまさに生涯の課題であったと言っていいでしょう。

Ⅶ　編曲家・作曲家

1　編曲家

音楽教育家としての久保は、日本人にとって自然な音の組み合わせで出来ているわらべ歌を素材として、歌う側の創造性や即興性を引き出そうとしていました。この教育上のアイデアを実現するために、久保はわらべ歌を元にして多くの編曲を行いました。彼が手掛けた編曲がどのくらいの数に上るのかは分かりませんが、その一部が紹介されるのが、昭和四十七年（一九七二）四月から南日本新聞に連載された「うたおう つくろう ふるさとの歌」です。

この連載はタイトル通り、久保が音楽教育の現場で実践してきたことを、具体的な教材とともに公開したものです。つまり、そこで示されているのは、民謡やわらべ歌を現代においてどのように歌っていくかという実践例でした。この連載は一六〇回も続きました。編曲という仕事は、たぶん久保にとってほとんど日常的な活動の一つだったのでしょう。連載を始めるに当たって、久保はこう書いています。

南日本の民謡は非常に愛らしいツボミであるのに、それに水をかけてくれる人もなく、まったくの野放しであったため、ツボミのまま立ち枯れになったのが多い。
私はこれらのものを一つ一つハチに移して私なりの培養をつづけて来た。つまり、つたない試みではあるが、舌足らずな歌詞には補足したり、ひどい方言のには新しく歌詞をはめたり、すこしばかり曲の枝ぶりを手直ししたりして、青年たちのレクリエーションや学校の教材として使えるようにしたのである。

久保がこの企画で期待していたのは、自らのやり方を規範として読者に押しつけることではありませんでした。逆に、あくまでも自分の試みが呼び水となって、読者からさらによい替え歌や新しい作品が提案されることだったのです。

新聞に詩や狂句の投稿欄があるのと同じように、歌謡の投稿欄があってもいいのではないかというのが、この連載を始めた動機だったようです。久保が願っていたのは、なによりも人々が民謡やわらべ歌の良さに気づき、普段の生活の中で歌ってくれることでした。連載では毎回、一番上に歌詞が書かれた楽譜が掲げられ、下に歌詞と歌の説明と歌い方の解説が付けられました。久保がどの曲にどんな歌い方を提案したのか、少し見てみましょう。

奄美島唄に「行きゅんにゃ加那節」という名曲があります。元唄は「行きゅんにゃ加那／わきゃくとぅわしりてぃ／行きゅんにゃ加那」ですが、現代日本語でも替え歌が作り易い曲として知られています。久保はこの曲に、「お別れに／泣いた涙の面影は／あだんの葉かげの行き戻り」という自作の詞を付けて、「お別れに」という歌にします。そのうえで、「曲は一人静かに歌うものだが、一小節ずらして輪唱しても悪くはない」と提案するのです。

輪唱については、谷山の「はたおり歌」の回でも、「この曲のように拍子感が明確な日本民謡は、まず輪唱してみることである」と推奨していますが、「のべつ輪唱ではゴタゴタするから、一部分は斉唱か独唱にする」という提案もなされます。

「鹿児島よさこい節」では、「ハヤシ文句を低音にして主旋律を交代で歌うとおもしろい」とわずかな示唆のみで済ませますが、入来地方の「松坂」では「歌詞二行ずつの旋律を単にくりかえすだけ（これはクドキ物の特性）。このような曲は一番ずつ交互唱し、後半に対旋律（低音）をつけると多少とも変化が出る」と細かい指示が与えられます。このように久保の歌に対する姿勢は臨機応変で、曲によって柔軟に対応の仕方が変化しました。

久保はまた、すべての曲で編曲を奨励するわけではありません。たとえば、甑島の「ごえん節」では、「しいて合唱や輪唱する必要はない。ひとりで味わうべき歌である」として、「曲は南九州屈指の気品たかき秀作であるが、いまは歌える者がほとんどいないという。さほどむずかしい曲ではないのだから、島の教師たちがまず覚えて復活させるべきである」と、まずは歌の継承を優先します。同様に、指宿民謡の「唐人おどり」でも、楽譜を示したあと、「ちょっと余分な音を除いたというだけで、ほとんど原曲どおりである。非常によい曲なので手拍子にのって歌ってほしい」と書き添えます。曲によっては、編曲を示すよりも、曲そのものを伝えることの方が重要な場合があるわけです。

その一方で、久保は誰も歌ったことのない新しい歌の提案をしたりもします。たとえば、敬老の日（平成十四年（二〇〇二）までは九月十五日）の記事では、敬老の歌は沖縄や奄美にもあるが、いずれも古い曲なので青少年が斉唱するには適さないとし、沖縄の中里節を元歌に自分で歌詞を決め、新しい敬老の歌を作ってしまいます。そのうえで、「歌詞は奄美沖縄で歌っている文句の中から適当なのを選んでひねりまわしたものだが、何かぎこちなくて詩の味を減じてしまった。拙作を踏み台にして、よりよい作品を考え出してほしい」と、全体の完成を読者に委ねるのです。「うたおう つくろう ふるさとの歌」における久保の姿勢は、さながらさまざまな食材を前に、各々の特性に応じてさばき方を変えていく料理人のような趣があります。

『南日本民謡曲集』の影響か、久保は民謡をそのまま保存することを重視した人だと思われがちですが、それは彼の真の姿ではありません。彼はなによりもまず民謡を「今」に活かそうとした人でした。そこには、よくある民謡教室のように、師匠とそっくりそのまま同じ歌い方を真似しなければいけないというような堅苦しさはどこにもありません。久保の方法は、いかにも民謡の本質を知っている人ならではのやり方、民謡が口承で伝わっていた時代の自由さをよく知る人のアプローチと言えるでしょう。

2　作曲家

久保は編曲のみならず、オリジナル曲の作曲も行いました。しかも多くの場合、作詞も手掛けました。残念ながら、久保が生涯にどんな曲を、いつ、何曲作曲したのかといった詳細は、編曲の場合と同様にほとんど分かっていません。「喜界島資料」には久保の自作曲の楽譜が五〇曲ほど含まれていますが、実際に作曲した曲のほんの一部にすぎないでしょう。特に目立つのは、小中学校の校歌、「鹿児島県職員組合歌」や「喜界町婦人会の歌」のような各種の団体の歌、「根占小唄」や「高山小唄」のような地方自治体のために作られた歌です。

久保はまた、鹿児島のテレビ番組のために視聴者から募集した歌詞に曲をつける仕事もしていましたので、その楽譜も残されています。自分の楽しみのために作ったと思われる曲も何曲か見つかります（図18）。実際、久保は親戚の子供などが来ると、ギターを弾きながら自作曲を歌って聞かせることがあったそうです。きれいに清書された楽譜と、そのコピーが何枚か残っているのを見ると、実際に合唱団などで歌われた曲も少なくなかったと思われます。ここではすべての曲を解説することはできませんので、楽譜があり、作曲年代も明らかなことが多い校歌を中心にして、作曲家としての久保を見ていくことにしましょう。

久保が手掛けた校歌のうち、正式に採用されたものは四曲です。制定の時間順に並べれば、屋久島町立永田中学校校歌、鹿児島市立吉野中学校校歌、鹿児島市立東桜島中学校校歌、喜界町立荒木小学校校歌となります。

「喜界島資料」には、ともに昭和三九年（一九六四）の日付をもつ与論町立茶花小学校と奄美

図 18　久保のオリジナル曲の自筆譜

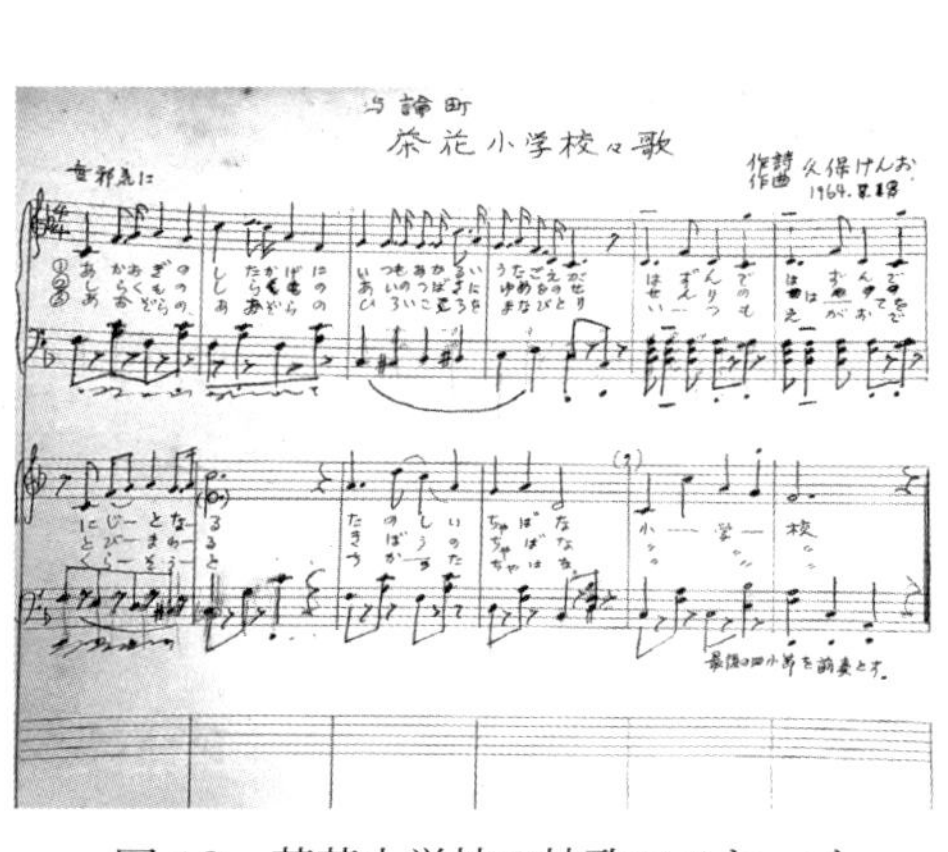

図 19　茶花小学校の校歌のスケッチ

市立手花部小学校の二曲のスケッチ（図19）、作曲年代の分からないその他三曲のスケッチ、さらに歌詞だけで楽譜がない一曲があります。

　つまり、現在明らかなところでは、久保が関わった校歌は十曲ということになります。しかも、そのうち六曲で作詞と作曲の両方を担当しています。久保は校歌に関してはかなりはっきりした考えを持っていたようで、友人には「ありきたりの曲には絶対にしたくない」と語っていたようです。特に生徒たちに意味が分からない歌詞は絶対にいけないというのが持論で、「喜界島資料」にも「校歌で分からない文句を歌わされるのは、五箇条の御誓文と変わりはない」と書かれた原稿が見つかります。

実際、そんな久保が作った校歌はとてもユニークです。まず、正式に制定された四曲の歌詞を見てみましょう。

【屋久島町立永田中学校校歌】（昭和二八年（一九五三）制定、作詞作曲　久保けんお）

一、はつらつ永田の子らは／透明な水と光をたべる／ホーラホラネ／海の海の幸に／山の山の幸に／新しい屋久島の鐘が鳴る鳴る／鐘が鳴る鳴る永田／鳴る鳴る永田

二、アジアと遠く結ぶ／ヨーロッパのここは嬉しい通路／ホーラホラネ／東を行く船も／西をたどる舟も／千をふれば高らかに笛が鳴る鳴る／笛が鳴る鳴る永田／鳴る鳴る永田

三、仰げば九州一の山かげに／ぼくらの教室は広い／ホーラホラネ／あそこが春と夏で／ここが秋と冬で／山彦に飛び乗って胸が鳴る鳴る／胸が鳴る鳴る永田／鳴る鳴る永田

【鹿児島市立吉野中学校校歌】（昭和二八年（一九五三）、作詞作曲　久保けんお）

一、高原の吉野は青空にいちばん近い／ぐんと背のびをすれば／青空に　両手が　とどく／こ

の美しい国で／なごやかな　心と　心を結ぶ／われら　われら　吉野中学

二、三つのペンを　かたどった／われらの校章／光る　三つのかなえは　奥ふかい／学びの道を朝な夕なに示す／あこがれの歌声　たかき所／われら　われら　吉野中学

三、桜島　霧島　開聞とひとめに／のぞむ　すみきった　空気の中で／ひるまない　強い体と／知恵と　誠とを　みがく／寺山に　偉人の　跡をしのぶ／われら　われら　吉野中学

【鹿児島市立東桜島中学校校歌】（昭和二九年（一九五四）制定、作詞　久保けんお、作曲　津曲とおる）

一、山にのぞめば　山のこえ／海にのぞめば　海のこえ／山と海とが　呼び合う中に／友愛の花　咲きかおる／我等の　東桜島中学校

二、朝の光は　歌を呼び／夕べの光は　にじとなる／明るい窓よ　この学び舎に／今日も希望の　鐘がなる／我等の　東桜島中学校

三、固い岩根にゆるぎない／心とからだ　鍛うれば／空にそびゆる　いらかの波／高い理想の道しるべ／我等の　東桜島中学校

【喜界町立荒木小学校校歌】（昭和三九年（一九六四）制定、作詞作曲　久保けんお）

一、みどりの中の　ふる里に／元気な歌を　ひろめよう／いつも楽しい　学び舎は／ぼくらの

荒木小学校／ぐんと　行こうよ／ぐんと　行こうよ　青空へ
二、海原とおく　そよぐ風／胸をひろげて　すいこめば／夢もふくらむ　僕たちだ／かがやく雲に　とびのって／ぐんと　行こうよ／ぐんと　行こうよ　青空へ
三、じょうぶな体　くじけない／強い心を　やしなって／よんで答えて　腕くんで／がんばる荒木小学校／ぐんと　行こうよ／ぐんと　行こうよ　青空へ

ここは作曲家としての久保を語る場所ですが、その校歌のユニークさは歌詞を抜きには考えられません。実際、ここに示した四曲の歌詞は、いずれも既成の校歌のイメージを打ち破るような独創性があります。特に最初の中学校三校は、歌い出しから「え？」と驚くような言葉が選ばれていて、久保の「どうだ！」という顔が目に浮かぶようです。

それに対して、小学校の方はもっとシンプルで、「ぐんと　行こうよ　青空へ」というメッセージを繰り返し歌いながら、子供たちに自然と元気が湧いてくるような作りになっています。いずれの歌詞も、自然の中でのびのびと育つ児童生徒たちの姿が目に浮かんでくるようで、微笑ましいです。しかもその歌詞が、また音楽ととてもよくマッチしているのです。その自然さは、まるで詞と曲が一緒に口をついて出てきたのではないかと思わされるほどです。

作曲という面からすぐに目につくのは、スケッチのみが残っている曲を含むすべての楽譜に共通する付点音符の多さです。それにより曲全体に弾むような、ワクワクとするような、生き生きとしたリズムが生まれます。そんなワクワク感はすでに歌詞からも感じられますが、曲によっても強調されるのです。

久保の校歌で興味深いのは、十曲中三曲が、ファから始まる明るい印象を与える五音音階（下からファソラドレ）で作曲されていることです。五音音階は西洋ではペンタトニックと呼ばれ、世界各地の民俗音楽でよく見られる音階です。つまり、昔からある音階なのですが、だからといって久保の曲が古めかしい感じがすることはまったくありません。それどころか、意識しなければ五音音階であることが分からないほど、曲は若々しいリズムに満ちています。五音ですから、一般に近代までの西洋芸術音楽が使う七音音階（ドレミファソラシド）よりも音は少ないのですが、バリエーションが多様で想像力に富んでいるためか、まったく気になりません。

こうしたなかで、吉野中学校ほか、鹿児島本土の学校の校歌だけが五音音階ではなく、西洋の七音音階、つまり西洋芸術音楽の音組織が使われています。なぜでしょうか？　理由は定かではありませんが、もしかしたら久保は、明治維新でいち早く西洋文明化を目指した本土と、民謡を大切にし、旧暦などの古い慣習や伝統を重んじる奄美群島との違いを、音によって描き分けていたのかもしれません。

Ⅷ　音楽史家

1　「民謡に見る西南戦役」

民謡収集には集めた民謡の歴史的背景を調べる作業はつきものです。実際、久保も採集した歌についていては、丹念にその由来を調べています。しかし、それを郷土の音楽史というもっと大きな括りでまとめようとする傾向が出てくるのは、久保が五〇歳を過ぎてからのことです。

その最初の試みとなったのは、西郷隆盛没後百年に沸いた昭和五二年（一九七七）に書かれた「民謡に見る西南戦役」です。この論考は南日本新聞に三回にわたって連載されました。西郷に関する歌は、『南日本民謡曲集』にも何曲か収められていましたが、この連載でテーマとなるのは、西郷という人物ではなく西南戦役という出来事です。この記事の面白さは、まず西南戦役を歌合戦として描いている点にあります。ここでの武器は、刀や鉄砲である以上に、歌なのです。

久保が最初に取り上げるのは、明治十年に鹿児島の私学校の生徒が歌い出したという、「大久保・

川路を油であげて／さつま西郷さんの酒さかな」という文句で始まる歌です。この歌はそれ自体がそもそも替え歌なのですが、その後もさまざまに歌詞を変え、一種の替え歌合戦のような様相を呈していきます。

たとえば、この歌の「大久保・川路はイワシかザコか」という文句は、西南戦役開戦後には、民衆によって「西郷隆盛ゃイワシかザコか」と歌われるようになり、さらに熊本城下での薩軍と官軍のにらみ合いから自然発生的に始まったという歌合戦では、官軍の兵士によって「薩摩西郷はゴマメかエビか」と歌い出されます。

また、戊辰戦争の会津攻撃の際に流行した「会津肥後守ゃ枕はいらぬ／いらぬはずだよ首がない」という歌は、薩軍による熊本攻撃の際には、「さつま西郷にゃ枕はいらぬ／枕いろそな首がない」という文句に変わったと伝えられています。

鹿児島市や北薩の一部に伝わる、薩軍が逃走の最中に歌ったという、「おいどんが死んだとて／だいが泣くものか／裏のセンダンの木でセミが鳴く」という曲については、久保は歌詞に五木の子守唄などと共通点があるので、人吉あたりで拾った歌の替え歌だろうと推測します。

面白いのが、南九州で歌われている古い手まり歌の「こうこくこうやのしょうけんごう」という意味不明な歌詞の解釈で、久保はおそらく「厚徳公社の承恵講」の意味であり、薩軍が宮崎で発行した軍票（西郷札）を詠んだものではないかという仮説を提出します。確かに西郷札は薩軍の敗北とともに価値を失い、それは土地の人にとっては大事件だったはずですから、手まり歌にその歌詞があっても不思議ではありません。

さまざまな歌を紹介したあと、久保が問いかけるのは、西郷を揶揄する歌にさえ、この英雄に対する人々の「のめりこむような愛着」が感じられるのはなぜか、ということです。

オハラ節では、「西郷隆盛ゃ世界の偉人／国のためなら死のと言た」と歌われていますが、鹿児島県下のある地方では、唱歌「川中島」の「西条山は霧深し／筑摩の河は浪あらし／遥に聞こゆる　物音は／逆巻く水か　つわものか」という歌詞が、「西郷さんは義理ふかし／さつまの原は波あれて　はるかに聞こゆる物事は／坂元浪子か　白波か」と歌われていました。久保は、この愛着の背景には何があるのかと問いかけ、答えを謎として残します。

今「民謡に見る西南戦役」を読むと、この論考が書かれた一九七〇年代には西南戦争の歌がまだ残っていたという事実に感銘を受けます。その一方で、敵と味方の激しい替え歌の応酬に、戯曲「ケサじょ唄ばやし」の「唄は口から出ほうだい、はやり出せば誰もとめられない」というセリフは、まさに民衆と歌の関係の原点だったのだ、と再認識させられます。

2 「薩摩の音楽芸能史夜話」

音楽史家としての久保の代表作は、昭和五六年（一九八一）五月から十二月まで南日本新聞に連載された「薩摩の音楽芸能史夜話」（図20）でしょう。久保は一九八四年、六三歳のときに脳血栓で倒れますから、これは文字通り健康に仕事ができた時代の最後の大仕事とも言えるものでした。この連載は幸い「久保けんおさんを励ます会」が編集した『野の唄 島謡 わらべ唄』（図21）に再録され、今では手軽に読むことができます。

この論考で久保が意図したのは、一般的には「音楽不毛の地」と考えられている薩摩が、日本音楽芸能史においてしばしば先達の役割を果たしてきたことを証明することでした。薩摩が無骨無芸と見られるようになったのは大正末期からで、明治期の中央での栄光を取り戻そうという焦りが安易な富国強兵の風土を生んだというのが、久保の持論でした。この時代に新しく登場した気風が、それ以前に

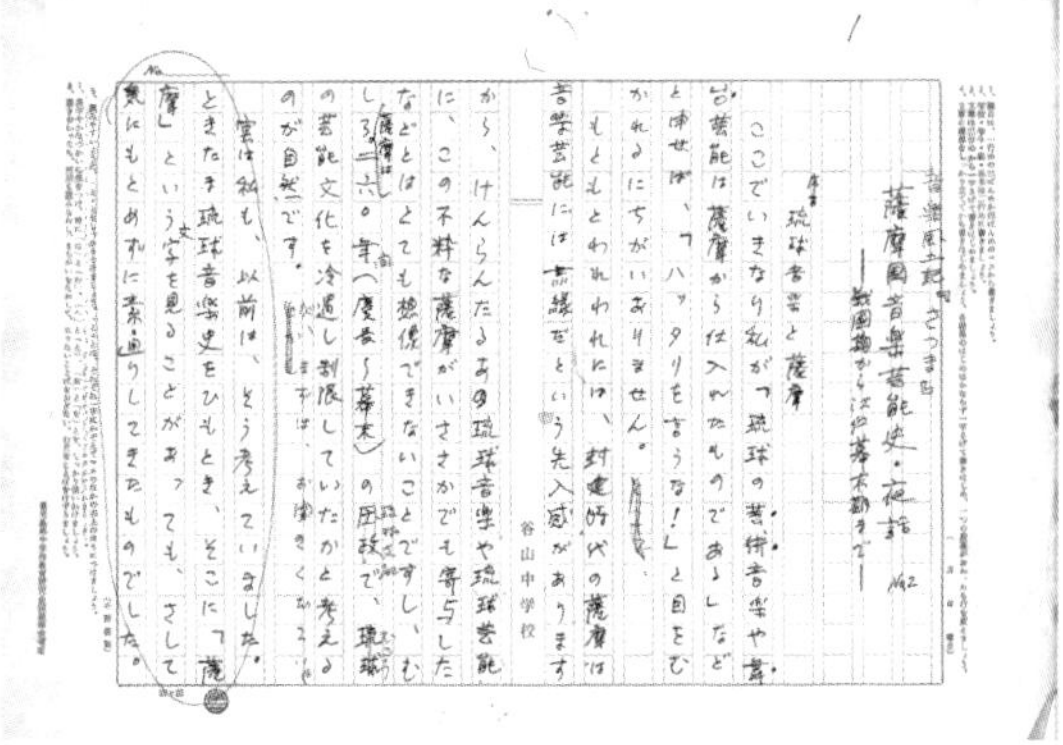
薩摩国音楽芸能史・夜話 No.2
―戦国期から江戸幕末期まで―
琉球音楽と薩摩
ここでいきなり私が「琉球の芸術音楽や芸能は薩摩から仕入れたものである」などと申せば、「ハッタリを言うな！」と目をむかれるにちがいありません。
もともとわれわれには、封建時代の薩摩は音楽芸能には無縁だという先入感があります。から、けんらんたるあの琉球音楽や琉球芸能に、この不粋な薩摩がいささかでも寄与したなどとはとても想像できないことですし、むしろ薩摩は一六〇〇年（慶長～幕末）の間、琉球の芸能文化を冷遇し制限していたかと考えるのが自然です。
実は私も、以前は、そう考えていました。ときたま琉球音楽史をひもとき、そこに「薩摩」という文字を見ることがあっても、さして気にもとめずに素通りしてきたものでした。

図20 『薩摩音楽芸能史夜話』の原稿

薩摩にあったきわめて豊かな音楽風土を消してしまったというのです。

具体的にはどういうことでしょうか。連載の二回目で、久保は「夜話」全体の「あらすじ」として以下の①〜⑧を列挙します。

①記紀や続日本記には隼人の風俗歌舞の演奏を伝える記録が頻繁に現れる。
②猿楽（能楽）の源流は隼人だという説がある。
③室町後期に開発された薩摩琵琶は、同時代の平家琵琶と比べて段違いの音楽性を持つ。
④江戸初期の薩摩浄雲の人形浄瑠璃は江戸浄瑠璃の元祖とされる。
⑤琉球音楽の創成期・完成期の巨匠は、皆薩摩でその芸を学んだ。
⑥一七八〇年頃、橘南谿は薩摩の音楽文化は京大阪よりも優れていると述べた。
⑦明治初期の軍楽隊は薩摩の青年たちが中心だった。
⑧日清日露戦争の頃に薩摩琵琶の長期的ブームがあり、筑前琵琶はその影響で生まれた。

図 21 『野の唄 島謡 わらべ唄』の表紙

久保が特に強調したのは、⑤に挙げた薩摩が琉球芸能史において果たした役割の大きさでした。琉球芸能に重要な影響を与えたのが、薩摩だったというわけです。

なかでも、三味線音楽を整理した湛水（たんすい）親方、琉球古典音楽を改編した屋嘉比朝寄（やかびちょうき）、琉球音楽を完成の域にまで高めた知念績高（ちねんせきこう）の「琉球三楽聖」が全員薩摩に上り、湛水親方は謡曲を、屋嘉比朝寄は能楽を学び、知念績高が島津斉宣の前で三味線を弾いたことを特筆すべきこととして強調します。

加えて、「組踊」の創始者である玉城朝薫（たまぐすくちょうくん）が幾度も薩摩に大和芸能を学びに来ており、沖縄の箏曲の師匠・稲嶺盛淳（いなみねせいじゅん）も薩摩で箏曲を習い、それを沖縄に伝えているという点に注目します。当時の薩摩には、こうした大音楽家を育てるに十分な音楽文化があったのです。

その根拠となるのが、島津家の歴代の藩主の芸能との関わりです。

たとえば、島津忠良は自ら長編の歌物語を作り、薩摩琵琶を発展させ、天吹を奨励しました。島津戦国武将として知られる島津十六代義久は、陣中で幾度も歌舞音曲の宴を張ったと伝えられています。第十七代義弘は同時代を生きた新納忠元とともに和歌や茶道の名人として知られましたが、肥前五島で見た土地の踊りを部下に習わせ、家督相続の儀礼の際に踊る「士踊り」としました。第十八代家久も無類の能楽好きで、琉球の尚豊王に花伝書と謡曲本百番を送っています。湛水親方が能楽を学びに薩摩に来たのは、島津十九代光久の時代でした。この時代、薩摩は金山の発掘などで景気がよく、芸能面でも活発で、光久は特に人形浄瑠璃に入れ込み、人形師・薩摩浄雲のパトロンになるほどでした。

次の第二十代綱貴のときは、ちょうど元禄時代に当たり、小唄・三味線が盛んになりました。綱貴は琉球王に琴を広めるように薦め、それに応じて稲嶺盛淳が薩摩に派遣されました。第二十一代吉貴は諏訪祭りを拡大し、さまざまな踊りを大規模に復活させました。

薩摩の音楽史上特筆すべきは島津二十五代重豪の治世です。ハイカラ好きの重豪は、芝居小屋や劇場を新築して芸能を盛んにし、薩摩の歌舞音曲を京大阪仕込みにしました。この時期に薩摩を訪れたのが屋嘉比朝寄で、有名な「上り口説き」を作曲したと伝えられます。次の斉宣の時代には、名月の夜になると街角のあちこちにゴザが敷かれ、月見の宴が催されたと伝えられています。知念績高が隠居の身であった重豪の前で歌三線を奏したのは、この斉宣の治世です。

次の第二十七代斉興は、江戸の講釈師の伊東凌舎を気に入り、薩摩に連れて帰りました。伊東は軍談を講釈するかたわら、鹿児島で見聞した民衆芸能を「鹿児島ぶり」という手記に残しましたが、それによれば鹿児島の人たちは芸達者で、農村芸能も毎日のようにあったそうです。

こんなわけですから、浦賀に黒船が来て、世の中が騒然としていたときにも、高輪にある薩摩屋敷からは能狂言に興じる音が聞こえてきたと伝えられているほどです。

薩摩の音楽芸能については、久保自身が繰り返し言うように、資料に乏しく、詳細に踏み込めない点も多くありますが、南日本で長く民謡を採集してきた久保にとって、薩摩が本来豊かな音楽風土を持った土地であるということは、どうしても証明しておきたかったことだったのでしょう。

ところで、先に久保自身が連載を始める際にまとめたあらすじを八点挙げましたが、実際の連載で話の中心となるのは戦国時代から幕末までの島津家の話で、明治期に関してはまったく触れられていません。つまり、あらすじの⑦⑧に関してはまったく言及がないのです。

実はこの「薩摩の音楽芸能史夜話」には、著者自身によって「No.2」と書かれた原稿が残されており、久保けんお顕彰会によって「薩摩の音楽芸能史・夜話二」と題して令和元年（二〇一九）に刊行されています。内容的には新聞連載と重なる部分が多いのですが、連載にはなかった斉彬、忠義、久光に関する言及もあり、続編が予定されていた可能性をうかがわせます。もし病に倒れなければ、音楽史家としての久保にはさらなる発展が期待できたはずですから、その仕事が道半ばで中断されてしまったことは悔やんでも悔やみきれません。

この連載はまた、それまでもっぱら民謡という「民」の歌に関心を寄せていた久保が、はじめて島津家という「お上」をテーマにしたという点でも、新境地と言える仕事でした。もっとも、棒踊り、太鼓踊り、士踊り、疱瘡踊りのような農村芸能は、元来藩の方針とも密接に関わっており、その起源を遡ると島津家に行き着くことも多いわけですから、久保が民謡や芸能の由来を調べるうちに、薩摩藩と芸能の関係に深入りすることになったのも当然だったかもしれません。いずれにせよ、薩摩の音楽芸能史というテーマは、広く音楽に通暁している久保だからこそ可能であった貴重な仕事と言えるでしょう。

最後に、久保の連載から四〇年以上が経った今日の鹿児島の伝統音楽の状況について、少し付け加えておきましょう。

まず薩摩琵琶です。久保は三回目の連載の際に、薩摩琵琶によって奏でられる「妙音十二楽」を紹介しています。この曲は、島津初代忠久が建久四年（一一九三年）、日薩隅の守護職に任じられたときに同行し、日置郡吹上町伊作に常楽院を建てて住んだ京都盲僧派第十九代の宝山検校をしのんで、毎年常楽院跡で開催される行事の際に演奏される曲で、県の無形文化財に指定されています。八〇〇年以上にわたってずっと演奏されてきましたが、後継者不足、僧侶の高齢化などの問題により、令和元年（二〇一九）を最後に中止が決定し、それまで主催・運営にあたってきた妙音十二楽保存会も解散してしまいました。

妙音十二楽は奉納の意味も持つ天台宗の儀礼音楽であり、天台僧侶が演奏することに意味があるため、僧侶に担い手がいないからといって、音楽家に頼んで音楽としてのみの保存を考えることは難しく、復活の目途は立っていないようです。

一方で、好ましい動きのあるのが、薩摩琵琶の製作です。鹿児島大学教育学部木材加工研究室と薩摩琵琶製作研究の会の共同で取り組みが始まり、平成二九年（二〇一七）に鹿児島大学で「薩摩琵琶製作の復活」と題して成果発表会が開催されました。昭和三〇年代に途絶えた琵琶製作の復活ということで、さまざまな困難があるようですが、薩摩の伝統楽器の復活に向けた成果が期待されます。

もう一つ、久保が薩摩人の気質に合っていると賞賛したゴッタンについても新しい動きがありました。平成三〇年（二〇一八）に行われた「ゴッタン・プロジェクト」（京都市芸術センター助成事業）です。ゴッタンの製作技術の記録、その歴史や音源に関する基礎資料の収集を行う一方で、演奏者、製作者、研究者らの交流を促し、その継承と活性化を目指すプロジェクトでしたが、この楽器への新たな関心を呼び起こすのに一役買ったようです。

Ⅸ　おわりに

久保けんおの業績を詩人・劇作家、民謡収集家、民謡研究家、音楽教育家、編曲家・作曲家、音楽史家という六つの側面から見てきました。

十分な説明を尽くせない部分もありましたが、少なくとも久保がいずれの分野でも非凡な功績を残したことはお分かりいただけたと思います。これほどの活動を南日本という地域で、しかも「在野」という立場で成し遂げたことは、特筆すべきことでしょう。久保はこう言っています。

鹿児島県下の民謡ほど、みじめなものはない。サツマの武断政策により歌舞音曲はツマはじきされてきた。二才たちは口笛も鼻唄も流してはならないことになっていた。「オレはオンチでね」と自称することが大人（たいじん）の風格だと思いこんで来た。つまりこれは卑下でなく「唄おどりが器用なケイチョウフハクの徒のタグイではない」という不当な優越感から来た言葉であった。いまでもそれはある。

こうした〝不当な優越感〟の先に見える、南日本の音楽文化の真の豊かさを追求したのが久保の人生でした。それは文字通り、一人で何役もこなさなければいけないような大変な仕事でした。久保の師範学校時代からの友人であった榊正治さんは、久保が「時間がないんだ」と口癖のように言っていたと回想しています。本当にそうだったのでしょう。

久保が亡くなったあと、師範学校時代の恩師の武田恵喜秀さんが発起人となって「久保けんお追悼音楽会」が開催されました。この音楽会のために結成された委員会を母体として生まれたのが「久保けんお音楽顕彰会」です。

久保けんお音楽顕彰会は、その後も久保の功績を記念するために毎年音楽祭を開催してきました。毎回テーマを決め、「喜界島をうたう」、「徳之島をうたう」、「奄美をうたう」、「これがハンヤ節だ!!」、「これがハンヤ節だ!! Part 2」、「大隅路のうたと芸能」、「沖永良部をうたう」と、追悼音楽会も含めれば平成十一年(一九九九)まで計八回の音楽祭が開催されています。その後、音楽祭はしばらく中断されましたが、平成二九年(二〇一七)に復活され、この年と令和元年(二〇一九)に「久保けんお顕彰音楽会」が開催されました。

久保は多くの先駆的な知見を持ちながら、中央の音楽界から離れて仕事をしていたこともあり、その仕事が評価されるまでかなり時間がかかりました。いや、それは今なお正当な評価を得ていないかもしれません。しかし久保自身が一番望んでいたのは、世間の評価などよりも、自分の仕事が少しでも未来のために活かされることだったのではないでしょうか。久保が発掘した歌、示唆した方向性を見直し、今後に活かしていくことが、後世の私たちに託された仕事なのかもしれません。その意味で、久保は未来に向けて仕事をしていたと言えるでしょう。

X　参考文献（出版年順に記載）

①久保けんおの著作

【単行本】

歌集『小さな幸福』（鹿児島文学会、一九五〇年）
『教材用 南島わらべ唄集』（鹿児島こどもの音楽を考える会、一九五九年）
『南日本民謡曲集』（音楽之友社、一九六〇年）
『奄美のうた』（ＮＨＫ 鹿児島放送局、一九六三年）
『南九州から沖縄まで 子もり唄合唱曲集』（音楽之友社、一九六四年）
『南日本わらべうた風土記』（音楽之友社、一九六四年）

『徳之島の民謡』（ＮＨＫ 鹿児島放送局、一九六六年）
『幼児向け わらべうたのほん』（南日本わらべ唄研究会、一九六七年）
『えらぶ・よろん民謡辞典』 奄美民謡シリーズその三（南日本伝統音楽研究所、一九六九年）
『薩摩琵琶 採譜』（鹿児島県教育委員会、一九七四年）
『種子島小中学校教材集 ふるさとのうた』（中種子教育委員会、一九七四年）
『肥後琵琶 採譜』（熊本県教育委員会委嘱、一九七五年）
『シンガポール日本人学校 愛唱歌集 わらべうた・民謡・マレーソング』（音楽之友社、一九七六年）
『南九州から沖縄まで　子もり唄合唱曲集』 音楽之友社、一九七九年）
『鹿児島 沖縄のわらべ歌 日本わらべ歌全集26』（柳原書店、一九八〇年）
『野の唄 島謡 わらべ唄』（九州教科研究協議会、一九九二年）
『薩摩の音楽芸能史・夜話二』（久保けんお顕彰会、二〇一九年）

【新聞・雑誌記事】
「民謡に見る奄美五島の個性」（『鹿児島民俗』 鹿児島民俗学会、一九五八年二月）
「民謡雑記」（『種子島民俗』 鹿児島県立中種子高等学校地歴部、一九六〇年三月）
「ふるさとのわらべ唄」（全六五回）（南日本新聞、一九六三年二月～八月（加筆修正ののち『わ

らべうた風土記」に収録）

「民謡の知恵」（『文化評論』日本共産党中央委員会、一九六四年九月号、二一一頁〜二三三頁）

「〝創造精神〟伸ばそう」（南日本新聞、一九六五年五月三日）

「わらべうたの効用」（南日本新聞、一九六七年三月十五日）

「方言を守れ」（南日本新聞、一九六九年十月十三日）

「沖縄の月　わらべ歌に親愛託す」（掲載紙不明、一九六九年月日不明）

「奄美民謡概説」（『沖縄文化』沖縄文化協会、一九七一年一月）

「うたおう つくろう ふるさとの歌」（全一六〇回）（南日本新聞、一九七二年四月〜一九七四年三月）

「奄美民謡に見る古代」（『言語生活』筑摩書房、一九七二年八月号、三八頁〜四五頁）

「わらべうた即興合唱の指導」（『教育音楽』音楽之友社、一九七三年十一月〜一九七四年四月まで）

「民謡に見る西南戦役」（全三回）（南日本新聞、一九七七年二月）

「薩摩の音楽芸能史夜話」（全三一回）（南日本新聞、一九八一年、のちに『野の唄　島謡　わらべ唄』に収録）

「晴れ間なき島痛び」（掲載誌・掲載年月日不明）

②久保けんおに関する新聞・雑誌記事
「消え去る民謡を五線譜にとどめて―久保けんお」『かごしまの心―先人の生き方を学ぶ』（一九八四年、学習研究社）
照屋真澄「久保けんお―生誕一〇〇年・没後三〇年記念特集」（一）～（十二）『広報きかい』二〇二一年一月号～十二月号（喜界町役場）

③久保けんお関係以外の著作（必要最小限のもののみ記載）
小泉文夫『日本伝統音楽の研究』全二冊（音楽之友社、一九五八年）
園部三郎・山住正己『日本の子どもの歌』（岩波新書、一九六二年）
小泉文夫（編）『わらべうたの研究』全二冊（岩田書院、一九六九年）
園部三郎『下手でもいい、音楽の好きな子どもを』（音楽之友社、一九七五年）
小泉文夫『おたまじゃくし無用論』（青土社、一九八〇年）
小川学夫『「民謡の島」の生活誌』（ＰＨＰ研究所、一九八四年）
東川清一『日本の音階を探る』（音楽之友社、一九九〇年）

【謝辞】本書の執筆に際しては、多くの方にお世話になりました。本来なら全員のお名前を挙げたいところですが、紙数の都合でここでは次の方々にのみ御礼を申し上げます。「喜界島資料」については、高坂嘉孝、北島公一両氏による分かり易い分類・整理のお陰で、短期間の調査で多くの成果を挙げることができました。喜界島中央公民館の職員であった照屋真澄氏には、調査に際してさまざまな面で有益なご示唆やご協力をいただきました。喜界町議会議員の生島常範氏には、「土の唄」で久保が歌っている歌についてご教示いただきました。生前の久保と親交のあった久保けんお顕彰会の高嶺欽一氏には、鹿児島県立図書館の「久保文庫」と「久保録音資料」の存在を教えていただいたほか、生前の久保に関する多くの情報を提供していただきました。深く感謝いたします。

野田伸一　著

No. 1　**鹿児島の離島のおじゃま虫**

ISBN978-4-89290-030-3　56 頁　定価 700+ 税　(2015.03)

長嶋俊介　著

No. 2　**九州広域列島論**～ネシアの主人公とタイムカプセルの輝き～

ISBN978-4-89290-031-0　88 頁　定価 900+ 税　(2015.03)

小林哲夫　著

No. 3　**鹿児島の離島の火山**

ISBN978-4-89290-035-8　66 頁　定価 700+ 税　(2016.03)

鈴木英治ほか　編

No. 4　**生物多様性と保全**—奄美群島を例に—（上）

ISBN978-4-89290-037-2　74 頁　定価 800+ 税　(2016.03)

鈴木英治ほか　編

No. 5　**生物多様性と保全**—奄美群島を例に—（下）

ISBN978-4-89290-038-9　76 頁　定価 800+ 税　(2016.03)

佐藤宏之　著

No. 6　**自然災害と共に生きる**—近世種子島の気候変動と地域社会

ISBN978-4-89290-042-6　92 頁　定価 900+ 税　(2017.03)

森脇　広　著

No. 7　**鹿児島の地形を読む**—島々の海岸段丘

ISBN978-4-89290-043-3　70 頁　定価 800+ 税　(2017.03)

渡辺芳郎　著

No. 8　**近世トカラの物資流通**—陶磁器考古学からのアプローチ—

ISBN978-4-89290-045-7　82 頁　定価 800+ 税　(2018.03)

冨永茂人　著

No. 9　**鹿児島の果樹園芸**—南北六〇〇キロメートルの多様な気象条件下で—

ISBN978-4-89290-046-4　74 頁　定価 700+ 税　(2018.03)

山本宗立　著

No. 10　**唐辛子に旅して**

ISBN978-4-89290-048-8　48 頁　定価 700+ 税　(2019.03)

冨山清升　著

No. 11　**国外外来種の動物としてのアフリカマイマイ**

ISBN978-4-89290-049-5　94 頁　定価 900+ 税　(2019.03)

鈴木廣志　著

No. 12　**エビ・ヤドカリ・カニから鹿児島を見る**

ISBN978-4-89290-051-8　90 頁　定価 900+ 税　(2020.03)

梁川英俊　著

No. 13　**奄美島唄入門**

ISBN978-4-89290-052-5　88 頁　定価 900+ 税　(2020.03)

桑原季雄　著

No. 14　**奄美の文化人類学**

ISBN978-4-89290-056-3　80 頁　定価 800+ 税　(2021.03)

山本宗立・高宮広土　編

No. 15　**魅惑の島々、奄美群島**—歴史・文化編—

ISBN978-4-89290-057-0　60 頁　定価 700+ 税　(2021.03)

山本宗立・高宮広土　編

No. 16　**魅惑の島々、奄美群島**—農業・水産業編—

ISBN978-4-89290-058-7　68 頁　定価 700+ 税　(2021.03)

山本宗立・高宮広土　編

No. 17　**魅惑の島々、奄美群島**—社会経済・教育編—

ISBN978-4-89290-061-7　76 頁　定価 800+ 税　(2021.10)

山本宗立・高宮広土　編

No. 18　**魅惑の島々、奄美群島**—自然編—

ISBN978-4-89290-062-4　98 頁　定価 900+ 税　(2021.10)

津田勝男　著

No. 19　**島ミカンを救え**—喜界島ゴマダラカミキリ撲滅大作戦—

ISBN978-4-89290-064-8　52 頁　定価 700+ 税　(2022.03)

佐藤正典　著

No. 20　**琉球列島の河川に生息するゴカイ類**

ISBN978-4-89290-065-5　86 頁　定価 900+ 税　(2022.03)

礼満ハフィーズ　著

No. 21　**鹿児島県薩摩川内甑列島の自然と地質学的魅力**

ISBN978-4-89290-066-2　46 頁　定価 700+ 税　(2023.03)

鳥居享司　著

No. 22　**奄美群島の水産業の現状と未来**

ISBN978-4-89290-067-9　82 頁　定価 900+ 税　(2023.03)

〔著者〕

梁川英俊（やながわ　ひでとし）

［略　　歴］

1959年東京生まれ。鹿児島大学法文学部教授。1988年東京都立大学大学院人文科学研究科博士課程中退。フランス・ブルターニュ地方を中心とするケルト諸語圏の言語・歴史・文化を主要な研究対象とする一方で、口承文化研究の立場から南西諸島、韓国・多島海、ミクロネシア等の島嶼地域の調査・研究にも携わる。著書に『〈辺境〉の文化力――ケルトに学ぶ地域文化振興』（編著、鹿児島大学法文学部人文学科、2011年）、『歌は地域を救えるか――伝統歌謡の継承と地域の創造』（編著、鹿児島大学法文学部人文学科、2013年）、『唄者築地俊造自伝――楽しき哉、島唄人生』（共著、南方新社、2017年）、『島の声 島の歌』（編著、鹿児島大学国際島嶼教育研究センター、2019年）、『奄美島唄入門』（北斗書房、2020年）、『「かずみ」の時代』（南方新社、2023年）など。

原田敬子（はらだ　けいこ）

［略　　歴］

東京音楽大学作曲科教授。桐朋学園大学作曲専攻卒業、1991年同研究科修了。2022年より鹿児島大学国際島嶼教育研究センター客員研究員。作曲家として、日本音楽コンクール第1位、山口県知事賞、芥川作曲賞、中島健蔵音楽賞、尾高賞、輝く女性賞(栄誉賞)など受賞多数。作曲家としての活動のかたわら、鹿児島本土と奄美群島の音文化を研究。2020年に奄美市より委嘱を受け、「奄美市民歌～輝く未来へ」を作曲。自作品集CDに「after the winter」(Cypres、ベルギー)、「sonora distancia」(フォンテック)、「F. フラグメンツ」、「ミッドストリーム」(共にWergo/キングインターナショナル(独/日))。楽譜は全音楽譜出版社、Schott(独)、Edition Wunn(独)、東京コンサーツ、東京ハッスルコピー各社が出版・管理している。

鹿児島大学島嶼研ブックレット　No. 24

南日本の民謡を追って―久保けんおの仕事

2024年03月20日第1版第1刷発行
2024年06月24日　〃　第2刷発行

発行者　鹿児島大学国際島嶼教育研究センター
発行所　北斗書房
〒261-0011 千葉市美浜区真砂4-3-3-811
TEL & FAX 043-375-0313
E-mail:hokutosyobou@jcom.zaq.ne.jp

定価は表紙に表示してあります

ISBN978-4-89290-070-9 C0039